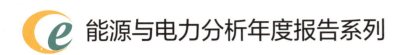

能源与电力分析年度报告系列

U0456627

2021

国内外能源电力发展及转型分析报告

国网能源研究院有限公司　编著

中国电力出版社
CHINA ELECTRIC POWER PRESS

内 容 提 要

《国内外能源电力发展及转型分析报告》是能源与电力分析年度报告系列之一，主要对国内外能源与电力发展最新情况、能源转型政策实践、关键技术经济发展趋势进行比较分析，对主要国家能源转型进展作出评价分析，并就年度能源电力转型相关热点问题开展专题研究。

本报告在广泛汇集世界主要能源相关统计机构信息与研究成果的基础上，采用比较分析的方式，研究主要国家能源与电力发展及转型的特点和热点问题。报告全面分析了世界能源发展最新总体情况，并对主要国家能源发展及关键指标进行了比较分析；总结了世界电力发展最新情况，并对主要国家电力发展及关键指标进行了比较分析；对能源转型的最新政策实践动态、关键技术经济发展趋势进行了概述；围绕清洁低碳、安全高效构建能源转型评价模型，对G20能源转型进展作出了评估分析；对德国能源转型、碳中和关键技术经济等专题开展了深度分析。

本报告适合能源电力行业从业者、国家能源领域相关政策制定者、能源领域科研工作者参考使用。

图书在版编目（CIP）数据

国内外能源电力发展及转型分析报告 . 2021/国网能源研究院有限公司编著 .—北京：中国电力出版社，2021.12

（能源与电力分析年度报告系列）

ISBN 978-7-5198-6225-1

Ⅰ. ①国… Ⅱ. ①国… Ⅲ. ①能源工业—工业发展—研究报告—世界—2021 ②电力工业—工业发展—研究报告—世界—2021 Ⅳ. ①F416.2 ②F416.61

中国版本图书馆 CIP 数据核字（2021）第 240357 号

审图号：GS（2020）6649 号

出版发行：中国电力出版社
地　　址：北京市东城区北京站西街 19 号（邮政编码 100005）
网　　址：http://www.cepp.sgcc.com.cn
责任编辑：刘汝青（010-63412382）　董艳荣
责任校对：黄　蓓　朱丽芳
装帧设计：赵姗姗
责任印制：吴　迪

印　　刷：北京瑞禾彩色印刷有限公司
版　　次：2021 年 12 月第一版
印　　次：2021 年 12 月北京第一次印刷
开　　本：787 毫米×1092 毫米　16 开本
印　　张：11.75
字　　数：156 千字
印　　数：0001—2000 册
定　　价：88.00 元

能源与电力分析年度报告

编　委　会

主　任　张运洲

委　员　蒋莉萍　柴高峰　仇文勇　李伟阳　王耀华

　　　　李　健　单葆国　吕　健　郑厚清　马　莉

　　　　魏　哲　代红才　鲁　刚　郑海峰　韩新阳

　　　　李琼慧　张　勇　李成仁

《国内外能源电力发展及转型分析报告》

编　写　组

组　长　李琼慧

主笔人　闫　湖　李娜娜

成　员　黄碧斌　洪博文　时智勇　张　栋　吴　鹏

　　　　王彩霞　刘文峰　胡　静　冯凯辉　叶小宁

　　　　袁　伟　陈　宁　李钦淼　孟子涵　杨　超

　　　　余　金　李江涛　薛美美　卢　静　张玉琢

前 言
PREFACE

当前，应对气候变化和保障能源安全已成为全球共识，世界能源发展呈现出低碳、多元、清洁的特点。中国能源发展与世界各国的联系日益紧密，互动性不断增强，依存度日益提高。为构建清洁低碳、安全高效的现代能源体系，有力推动经济社会的可持续发展，需要客观认识当前世界能源与电力的发展形势，及时了解世界各国的发展动态和经验教训，准确把握世界能源与电力发展的趋势。

《国内外能源电力发展及转型分析报告》是国网能源研究院有限公司（简称国网能源研究院）推出的"能源与电力分析年度报告系列"之一。基于国内外能源相关统计和研究机构发布的年度数据，利用国网能源研究院自主开发的全球能源电力统计分析平台，比较研究世界及主要国家能源与电力发展情况，形成本报告。本报告力求能够为关注能源行业发展的领导专家、能源行业从业人员以及其他读者提供借鉴和参考。

本报告采用国内外能源相关统计和研究机构发布的最新数据，数据来源包括国际能源署（IEA）的《世界能源平衡》《电信息》《化石燃料碳排放》，英国石油公司（BP公司）的《BP世界能源统计》，联合国的《能源统计年鉴》，中国国家统计局、中国电力企业联合会及部分电力企业等。此外，本报告还参考了国外其他电力协会或机构、各国统计机构的相关数据。

本报告共分为6章。第1章全面分析了世界能源发展现状，重点对主要国家的一次能源消费、终端能源消费、能源生产、能源贸易、能源环境等方面，以及人均一次能源消费量、单位产值能耗、能源对外依存度和碳排放等关键指标开展了比较分析；第2章全面分析了世界电力发展状况，重点对主要国家的电力消费、电力生产、发电成本、电力贸易等方面，以及人均装机及用电量、厂用电率与线损率、电能与终端能源消费比重、电力碳排放等关键指标开展了比较分析；第3章主要阐述并分析了2020年国内外能源转型政策及最新实践，涵盖国家层面能源气候目标承诺、能源电力行业政策部署、企业实践等；第4章分析了国内外能源转型关键技术经济发展趋势；第5章从能源结构、能源环境、能源效率、能源安全四个维度构建能源转型指数，对G20❶进行三十年能源转型对比分析；第6章开展能源转型相关专题分析，专题一对德国能源转型下供应安全、成本上升进行了分析；专题二开展了能源领域低碳技术综合经济评估。

本报告概述部分由黄碧斌、吴鹏、闫湖主笔，国内外能源发展比较分析章节由闫湖主笔；国内外电力发展比较分析章节由李娜娜主笔；国内外能源转型政策实践分析章节由洪博文、闫湖主笔；国内外能源转型关键技术经济分析章节由李娜娜、刘文峰主笔；G20能源转型进展评价章节由闫湖、黄碧斌主笔，专题研究由时智勇、洪博文、刘文峰主笔。全书由李琼慧、黄碧斌、闫湖统稿，胡静校核。

在本报告的编写过程中，得到了能源、电力领域多位专家的悉心指导，在此表示衷心感谢！

限于作者水平，虽然对书稿进行了反复研究推敲，但难免仍会存在疏漏与不足之处，恳请读者谅解并批评指正！

编著者

2021 年 9 月

---

❶ 二十国集团（G20）由七国集团财长会议于 1999 年倡议成立，由阿根廷、澳大利亚、巴西、加拿大、中国、法国、德国、印度、印度尼西亚、意大利、日本、韩国、墨西哥、俄罗斯、沙特阿拉伯、南非、土耳其、英国、美国以及欧盟 20 方组成。

目 录
CONTENTS

概　　述

2020 年，在世界能源转型和新冠肺炎疫情的双重作用下，一次能源消费和因能源消费产生的碳排放量创第二次世界大战以来的最大跌幅，风电和太阳能装机规模创历史最大增幅。同时，发达国家与发展中国家能源电力发展的差异化特点越发显著——发达国家能源电力结构加快调整，发展中国家已成为能源电力消费增长的生力军。因此，本报告不但对世界能源与电力十年来发展的总体情况进行纵向分析，还对各主要国家能源电力发展的重点方面、关键指标、转型指数和热点问题进行横向对比研究。

（一）2020 年国内外能源发展主要特点❶

（1）一次能源消费较上年下降 4.5%，创自第二次世界大战以来最大降幅。 2020 年，世界一次能源消费总量为 189.93 亿 tce，较上年下降 4.5%，远低于过去 10 年的平均增速（+1.9%）。其中，石油消费大幅下降 9.7%，主要降幅来自美国、欧盟、印度，但石油仍是最主要的一次能源，占比为 31.2%；原煤消费持续下降，较上年下降 4.2%，美国和印度是主要贡献者；天然气消费较上年下降 2.3%，但在一次能源消费中的占比达 24.7%，创历史新高。

（2）可再生能源消费持续增长，能源消费持续向低碳清洁转型。 2020 年，世界非水可再生能源消费量为 10.82 亿 tce，较上年增长 9.7%。风电和光伏发电是可再生能源消费增长的两大关键力量——风电发电量为 1.41 万亿 kW•h，较上年增长 12.3%；光伏发电量为 6790 亿 kW•h，较上年增长 22.9%；光伏和风电新增装机合计为 238GW，几乎是历史年度新增装机峰值的 2 倍。

（3）终端能源消费小幅增长 0.8%，但增速低于近十年平均水平。 2019 年世界终端能源消费总量约为 142.6 亿 tce，较上年增长 0.8%，低于近十年平均增速。分品种看，2019 年世界煤炭、石油、天然气、电力、热力及其他能源占终端能源消费比重分别为 9.5%、40.4%、16.4%、19.7% 和 14.0%，石油占比最高，其次是电力、天然气。分部门看，中国、印度、日本、俄罗斯、韩国

---

❶ 部分最新数据是 2019 年的，下同。

工业用能占比最高，分别为 48.8%、38.5%、29.2%、28.0%、25.9%。美国、巴西、加拿大、德国交通用能占比最高，分别为 40.1%、37.9%、33.1%、25.5%。

(4) 能源消费产生的碳排放大幅下降 6.3%。 2020 年世界 CO_2 排放量为 319.83 亿 t，较上年下降 6.3%，远低于近 10 年年均增速（+1.4%）。中国能源消费碳排放小幅增长，美国、欧盟、印度和日本等主要经济体有所下降。分品种看，煤炭消费仍是化石燃料燃烧产生碳排放的主要来源，占比为 44.0%，但自 2011 年以来占比一直下降。分部门看，发电供热 CO_2 排放占比最高，约为 42%。

(5) 发达国家能源对外依存度高于发展中国家，日本、韩国、德国长期高度进口依赖。 2019 年，美国能源对外依存度由正转负，成为能源净出口国家；中国、印度能源对外依存度分别为 20.0% 和 38.0%，处于中游水平；德国、韩国、日本能源对外依存度均超过 60%；日本对外依存度最高，为 88.0%。在石油、天然气方面，日本、韩国、德国长期高度进口依赖，石油、天然气对外依存度超过 90%。中国、印度 2019 年石油对外依存度分别为 71%、84%，较 2000 年分别上升了 43、17 个百分点；中国、印度天然气对外依存度 2019 年分别为 41%、54%，较 2000 年分别上升了 39、54 个百分点，中印两国石油、天然气对外依存度不断飙升。

(二) 2020 年国内外电力发展主要特点

(1) 电源结构进一步向低碳发展。 2020 年，世界火电装机占比 56.8%，比上年下降 1.5 个百分点，非水可再生能源装机占比 21.2%，比上年上升 4.0 个百分点。其中，风电装机比上年增长 17.8%，累计为 7.3 亿 kW，光伏发电装机比上年增长 21.5%，累计为 7.1 亿 kW。

(2) 可再生能源发电量增幅保持高位。 2020 年，火电、水电、核电、非水可再生能源发电量分别占世界总发电量的 61.3%、16.5%、9.9% 和 12.3%，火电、水电发电量比重分别下降 1.4、0.4 个百分点，非水可再生发电量比重上升 1.8 个百分点。太阳能、风能、地热、生物质和其他非水可再生能源的总发电量为 3.15 万亿 kW·h，较上年增长 3361 亿 kW·h，比上年增长 12.0%。

(3) 电力消费较上年下降 1.1%。2020 年，世界电力消费量为 22.7 万亿 kW·h，比上年下降 1.1%，增速较 2019 年下降 2.7 个百分点。OECD 国家电力消费量为 10.3 万亿 kW·h，比上年下降 0.9%。

(4) 中国用电能效已接近国际先进水平，但人均装机仍不足发达国家的 1/2。2019 年中国人均装机 1.44kW，仍不足美国、加拿大等 OECD 发达国家人均水平的 1/2。中国人均用电量年均增速为 6.9%，与发达国家的差距在逐渐缩小。世界平均厂用电率为 5.20%，中国厂用电率为 4.67%，较 2009 年下降 1.10 个百分点。世界平均线损率为 6.55%，中国线损电率为 4.44%，较 2009 年下降 1.64 个百分点。

（三）2020 年国内外能源转型政策实践分析

(1) 政策目标更加清晰。由于能源与气候之间的强关联，减排目标推动能源低碳转型步伐加快，目前已有欧盟及 27 个国家和地区实现或者明确提出碳中和，另有 100 多个国家和地区也在讨论碳中和目标。欧盟 2021 年 6 月立法确定将 2030 年减排目标再上调 15%。

(2) 配套政策不断完善。随着碳达峰、碳中和目标推进，能源低碳转型的路线图更加清晰，世界主要国家在电力、交通、建筑、工业、循环经济等领域的配套政策措施不断出台。总体来看，欧盟和英、美、日等发达国家具有先发优势，很多经验值得借鉴。中国作为发展中大国，在可再生能源发展、能效提升和碳市场等制度建设方面进展显著。

(3) 政策重点更加突出。纵观各国能源转型政策的主要着力点，一是严控总量，提高能源生产和消费的效率效能；二是优化结构，提升发电侧可再生能源发电比例和终端电气化水平；三是完善市场，重视碳排放交易权市场的建设和完善，德国 2021 年开始启动德国国家碳交易排放系统，将欧盟碳交易体系之外的供热和交通等领域也纳入本国碳市场，中国经过 8 年试点和 4 年准备工作，2021 年 7 月正式开启全国碳排放权交易，成为全球规模最大的碳市场。

（4）全球大企业成为政策实施的重要力量。2020 年，全球已有近千家企业提出了碳中和目标。油气企业减排难度较大，实现碳中和的时间相对较晚，BP、壳牌和道达尔等大型油气公司承诺 2050 年实现净零排放，中国石油提出 2025 年甲烷排放降低 50%，中国石化提出到 2025 年将能效提高 100% 的目标。电力企业碳排放总量大，法国电力公司、东京电力公司提出到 2050 年实现碳中和，中国国家电网有限公司发布了"碳达峰、碳中和"行动方案，三峡集团提出 2023 年碳达峰、2040 年实现碳中和目标。

（四）能源转型技术经济发展趋势

（1）风电保持平稳快速发展势头。在规模上，风电提供全球约 35% 的发电量，预计 2050 年前成为世界第一大电源。在布局上，亚洲继续主导世界风电市场，2050 年亚洲陆上和海上风电的装机容量将分别超过全球总量的 50% 和 60%。在技术趋势上，风力发电技术继续在机组大型化、低风速、提高海上开发能力、极端环境适应性、电网友好性等方面进一步发展并取得突破，海上风电成为新的增长点。

（2）光伏发电逐步实现全面商业化。在路线上，光伏发电仍以集中式利用方式为主，分布式光伏发电在德国等部分国家快速发展，将逐步成为主要模式。在规模上，2050 年光伏发电将成为世界第二大电源，装机容量将达到 62 亿 kW。在布局上，亚洲（主要是中国）将继续主导光伏发电市场，2050 年亚洲光伏发电装机容量占全球比重将超过 50%，其次是北美（20%）和欧洲（10%）。在技术应用上，到 2060 年，晶硅电池转换效率接近极限，薄膜电池转换效率超过 30%，钙钛矿型、叠层等新型电池进入大规模商业应用阶段。

（3）光热发电技术逐步进入成熟应用阶段。槽式和菲涅尔式光热发电技术已占全球市场份额的 90% 左右，但在提高光学聚光比、优选传热储热介质、提高运行参数等方面仍有突破空间。塔式光热发电技术将在 2025－2030 年逐步成熟，突破 650℃ 及以上的熔融盐显热储热技术，推动全球光热发电规模化发展。碟式技术逐步成熟，应用于分布式发电领域。预计到 2060 年，全球光热发电装机规模将达到 6.52 亿 kW，主要分布在美国、中东、北非、印度和中国。

（4）新型储能技术路线进一步明确。近中期，以锂离子、铅蓄和液流电池为主，开展超临界压缩空气储能、飞轮储能、钠硫电池、超级电容及超导储能的应用示范。远期，液体电池、镁基电池、超导储能等新一代储能技术将实现突破，将全面满足不同电网应用场景的技术要求。铁锂电池原材料市场供应充足且技术进步空间尚存，在大多数应用中仍具备较强竞争力。预计 2030 年，中国锂离子电池全寿命周期成本（4h）为 0.38 元/（kW·h）。

（5）电解制氢是中远期发展方向。氢能在能源低碳转型中将日益发挥关键作用。制氢环节，近期仍将以化石能源制氢为主，中远期以电解制氢，尤其是可再生能源制氢为主。储运氢环节，近期仍将以 70MPa 气态方式为主，中远期逐步转向低成本管道运输。用氢环节，近期以交通领域燃料电池为先导，中远期有望实现在电力系统调节、非道路交通等领域的广泛应用。

（五）G20 国家能源转型比较

从能源结构、能源环境、能源效率、能源安全四个维度构建能源转型评价模型，比较分析 G20 各方 1990－2019 年三十年能源转型情况，得出以下结论：

（1）G20 是推进世界能源转型的关键所在。2019 年，G20 人口占全球的 63%，GDP 占全球的 86%，一次能源消费占全球的 78%，能源相关碳排放占全球的 80%。除土耳其、俄罗斯外，G20 成员均提交了国家自主贡献（NDC），其中欧盟、法国、德国、英国、美国、加拿大、中国、韩国、日本、南非共 10 方以纳入国家法律、提交协定或政策宣示的方式正式提出了碳中和及气候中和的相关承诺。G20 已形成了以领导人峰会为战略决策、能源部长会议为主导、能源转型工作组和气候可持续工作组会议为支撑的层级体系，从体制机制上推进全球能源转型。

（2）G20 在实现《巴黎协定》目标上面临严峻挑战。近三十年，G20 在推进能源清洁转型中作出多重努力，2019 年 G20 碳排放强度较 1990 年下降 30.2％，能源消费排放强度较 1990 年下降 35.9％，成效有目共睹。但是，2019 年 G20 化石能源消费占比仍高达 82.7％，较 1990 年仅下降了 0.2 个百分点，距离《巴黎协定》2030 年化石能源占比 67％、2050 年化石能源占比 33％ 的目标，仍有巨大差距，面临严峻挑战。

（3）G20 各方能源结构、能源环境、能源效率、能源安全 4 个维度差异较大。巴西、加拿大得益于自身资源禀赋，在能源结构、能源安全维度表现突出。英国、欧盟得益于在应对气候方面积极努力，能源环境、能源效率维度表现突出，但能源安全、低碳可负担问题应引起重视。亚洲国家总体化石能源消费占比高，中国在能源结构、能源效率、能源环境维度调整成效显著。美国、俄罗斯、中东等国家（地区）油气资源丰富，能源安全水平高，但能源利用方式粗放，能源效率水平低。

（六）专题研究

德国能源转型进展及对我国的启示：德国能源转型实践表明，低碳转型将带来电力供应安全风险，必然付出经济代价，其转型经验对我国具有重要借鉴意义。一是应高度重视电力供应安全问题，充分考虑退煤、弃核、极端气候、氢能发展等多因素的共同作用，更加重视电网基础设施建设；二是可再生能源持续发展和能源电力加速转型将导致附加费大幅上涨、系统服务成本持续提升和增加输配电网的扩建成本，推动电价不断上涨，需要提前研究应对。

能源领域碳中和关键技术综合评估分析：在碳中和目标下，不同技术路径选择直接影响能源转型经济性。针对不同发电技术，从技术先进性、发电经济性、应用适应性及环境友好性四个维度构建了低碳发电技术四维度综合评估模型。采用中国新能源技术经济相关数据开展 2030 年碳达峰、2060 年碳中和关

键水平年开展评估，结果显示：2030 年，技术成熟及经济性较好的"光伏发电
＋储能"技术和"陆上风电＋储能"技术，处于第一档；具备技术竞争力的生
物质发电技术、"火电＋CCUS"技术，位于第二档；处于商业化应用初期的海
上风电技术、光热技术、氢能技术，位于第三档；2060 年，氢能由于技术进步
及终端的大量使用，升至第一档；光热技术由于技术竞争力提高，升至第二档；
生物质发电技术受技术和原材料成本限制，综合竞争力排名下降；"火电＋
CCUS"技术由于 2060 年煤电的占比下降，综合竞争力降至末位。

1

2020 年国内外能源发展比较分析

1.1 世界能源发展总体情况

1.1.1 一次能源消费

2020 年世界一次能源消费比上年下降 4.5%，是自第二次世界大战以来最大降幅，主要驱动因素是石油消费大幅下降，贡献了 75% 减量。2010—2020 年世界一次能源消费总量及年增速如图 1-1 所示。2020 年世界一次能源消费总量为 189.93 亿 tce，比上年下降 4.5%，是自 1945 年以来的最大降幅，近 10 年平均增速为 1.9%。

图 1-1 2010—2020 年世界一次能源消费总量及年增速

分品种看，原油占比最高，为 31.2%；非化石能源占一次能源消费比重持续上升，占比 16.9%。2020 年，世界原煤、原油、天然气、核电、水电、非水可再生能源分别占一次能源消费总量的 27.2%、31.2%、24.7%、4.3%、6.9%、5.7%。2020 年世界一次能源消费量分品种构成如图 1-2 所示。2020年，除原油占比大幅下降 1.9 个百分点、核电占比保持不变外，其他品种占比均上升，原煤、天然气、水电、非水可再生能源占比分别较上年上升 0.2、0.5、0.5、0.7 个百分点。

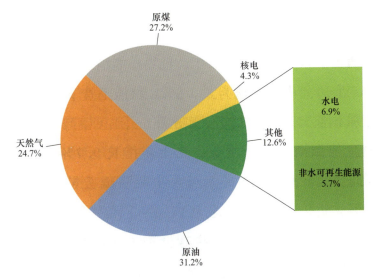

图 1-2　2020 年世界一次能源消费量分品种构成

世界石油消费大幅下降 9.7%。2020 年，世界原油消费量 40.07 亿 t，比上年下降 9.7%，近 10 年平均增速为 1.4%。世界原油消费日均减少 910 万桶，为自 2011 年以来最低水平，主要降幅来自美国（－230 万桶/天）、欧盟（－150 万桶/天）、印度（－48 万桶/天）。中国是唯一原油消费增长的国家（＋22 万桶/天）。

世界原煤消费持续下降，比上年下降 4.2%。2020 年，世界原煤消费量 51.67 亿 tce，比上年下降 4.2%，近 10 年平均增速为 0.9%。美国和印度是原煤消费下降主要贡献者，合计占原煤消费下降总量的近 50%，OECD 国家原煤消费下降至历史最低水平；但是中国和马来西亚原煤消费均增长，分别增长了 1706 万、682 万 tce。

世界天然气消费下降 2.3%，但在一次能源消费中占比创历史新高。2020 年，世界天然气消费量为 39 228 亿 m³，比上年下降 2.3%，下降了 8100 万 m³，近 10 年平均增速为 2.9%。世界天然气消费下降主要来自俄罗斯和美国，分别下降 3300 万、1700 万 m³，中国和伊朗贡献了最大增量，分别增长 2200 万、1000 万 m³。天然气价格跌至多年低点，美国亨利中心天然气平均价格为 1.99 美元/mmBtu，为 1995 年以来最低水平；亚洲日韩液化天然气市场价格降至历史最低水平，为 4.39 美元/mmBtu。

世界核能消费下降 4.1％。2020 年，世界核能消费量为 8.18 亿 tce，比上年下降 4.1％，近 10 年平均增速为 －0.2％，核能消费下降主要来自法国、美国和日本，分别下降 582 万、233 万、233 万 tce。

世界可再生能源消费持续增长，比上年增长 9.7％，太阳能和风能装机创历史新高。2020 年，世界非水可再生能源消费量为 10.82 亿 tce，比上年增长 9.7％，近 10 年平均增速为 13.4％。光伏发电和风电是可再生能源消费增长两大关键力量，光伏发电量为 6790 亿 kW·h，比上年增长 22.9％；风电发电量为 141 239 亿 kW·h，比上年增长 12.3％。太阳能和风电新增装机合计 238GW，几乎是历史年度装机最高水平的 2 倍。2020 年，世界水电消费量为 42 968 亿 kW·h，比上年增长 1.0％，中国贡献了 72％增量。

1.1.2 终端能源消费

2019 年世界终端能源消费总量约为 142.6 亿 tce，比上年增长 0.8％，低于近十年平均增速。2019 年世界终端能源消费总量较 2000 年增长了 43％，近 10 年年均增速为 1.8％。2000－2019 年世界终端能源消费量及增长率如图 1-3 所示。

分品种看，世界终端能源消费石油占比最高（40.4％），电能占比提升最快（＋3.7％）。分品种看，2019 年世界煤炭、石油、天然气、电力、热力及其他能源占终端能源消费比重分别为 9.5％、40.4％、16.4％、19.7％和 14.0％，石油占比最高，其次是电力、天然气。与 2000 年相比，煤炭、电力、天然气终端消费占比分别上升了 1.5、3.7、0.4 个百分点，石油、热力及其他消费分别

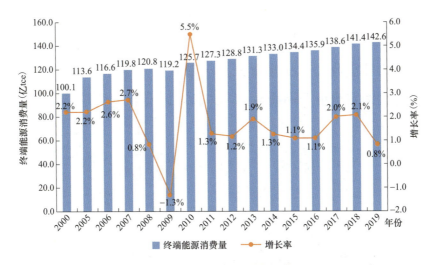

图 1-3   2000—2019 年世界终端能源消费量及增长率

下降了 3.6、2.0 个百分点。电能在终端能源消费中占比上升最多，石油占终端能源消费比重下降最多。2000、2019 年世界终端能源消费分品种结构如图 1-4 所示。

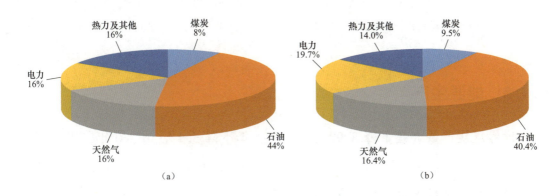

图 1-4   2000、2019 年世界终端能源消费分品种结构

（a）2000 年（终端能源消费总量 100.1 亿 tce）；（b）2019 年（终端能源消费总量 142.6 亿 tce）

分部门看，世界终端能源消费中工业和交通占比最高，均为 28.9%，工业占比提升最快。2019 年世界工业、交通、居民、商业和公共服务、农业/林业/渔业占终端能源消费比重分别为 28.9%、28.9%、21.0%、8.1%和 2.2%，工

业、交通、居民是占比最高三大部门，合计占比 78.8%。与 2000 年相比，工业、交通、商业和公共服务终端消费占比分别上升了 2.2、0.9、0.2 个百分点，居民终端消费占比下降了 4.4 个百分点。工业占终端能源消费比重上升最多，居民占终端能源消费比重下降最多。2000、2019 年世界终端能源消费分部门结构如图 1-5 所示。

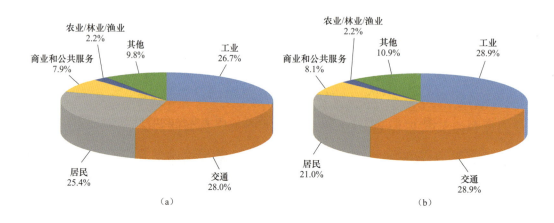

图 1-5　2000、2019 年世界终端能源消费分部门结构

(a) 2000 年（终端能源消费总量 100.1 亿 tce）；(b) 2019 年（终端能源消费总量 142.6 亿 tce）

1.1.3　能源生产

世界煤炭产量大幅下降 3.92 亿 t，比上年下降 5.1%。2020 年，世界煤炭总产量为 77.42 亿 t，比上年下降 5.1%，过去 10 年年均增速为 1.4%。

世界石油产量大幅下降 4.16 亿 t，比上年下降 7.2%。2020 年，世界石油总产量达到 41.65 亿 t，比上年下降 7.2%，过去 10 年年均增速为 1.4%。

世界天然气产量下降 1225 亿 m³，比上年下降 3.3%。2020 年，世界天然气产量为 38 537 亿 m³，比上年下降 3.3%，过去 10 年年均增速为 3.1%。LNG❶增长 40 亿 m³，增速 0.6%，远低于过去 10 年 6.8% 年均增速，其中，

————————

❶　LNG，液化天然气。

美国 LNG 增长 140 亿 m³（比上年增长 29%），但被其他大部分区域下降所抵消，尤其是欧洲和非洲。

世界核电发电下降 965 亿 kW·h，比上年下降 3.7%。2020 年，世界核电发电量为 27 001 亿 kW·h，增速为 - 3.7%，过去 10 年年均增速为 0.4%。

世界水电发电小幅增长，比上年增长 1.4%。2020 年，世界水电发电量为 42 968 亿 kW·h，比上年增长 1.4%，远低于过去 10 年 2.7% 的年均增长率。

世界非水可再生能源发电增长了 12.1%，低于过去 10 年均值（15.3%）。2020 年，非水可再生能源发电量为 31 470 亿 kW·h，其中风电占比近 51%，太阳能发电占比 27.2%，贡献了超过 40% 的增量。

世界发电量小幅下降 0.9%。2020 年，世界发电量为 268 232 亿 kW·h，是自 2009 年以来首次负增长。其中，中国发电量增长 2757 亿 kW·h，增速为 3.4%，不到过去十年 7.3% 年均增速的一半。非水可再生能源发电占比从 10.3% 上升到 11.7%。煤炭发电量占比下降至 35.1%，下降了 1.3 个百分点，创历史最低纪录，不过仍然在各类型电源中占比最大。

1.1.4 能源贸易

（一）煤炭

2020 年世界煤炭贸易量为 10.84 亿 tce，比上年下降 6.2%。澳大利亚和印度尼西亚是最主要的煤炭出口国家，出口量分别为 3.16 亿、2.90 亿 tce，分别占世界出口总量的 29.1%、26.8%。煤炭进口量排名前四位的国家（地区）均在亚洲，中国煤炭进口量比上年增长 3.1%，为 2.26 亿 tce，仍居世界首位；其次是日本和印度。2020 年世界十大煤炭进出口国家（地区）情况如表 1 - 1 所示。

表 1-1　　　　　2020 年世界十大煤炭进出口国家（地区）　　　　　　亿 tce

序号	国家（地区）	出口量	国家（地区）	进口量
1	澳大利亚	3.16	中国	2.26
2	印度尼西亚	2.90	日本	1.55
3	俄罗斯	1.93	印度	1.44
4	哥伦比亚	0.57	韩国	1.11
5	南非	0.56	中国台湾	0.67
6	美国	0.55	越南	0.44
7	加拿大	0.33	德国	0.41
8	蒙古国	0.27	土耳其	0.38
9	欧洲	0.07	—	—
10	中国	0.06	—	—

数据来源：BP。

（二）石油

2020 年世界石油贸易量达到 32.03 亿 t，比上年下降 7.3%。 2020 年，世界原油贸易量为 21.09 亿 t，石油产品贸易量为 10.95 亿 t，分别占 65.8% 和 34.2%。石油贸易量占石油消费量的 80%，石油的世界化能源配置趋势愈加明显。2020 年世界石油贸易流向示意如图 1-6 所示。

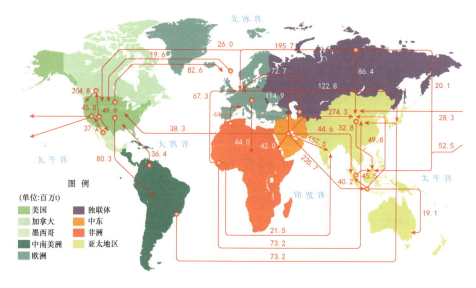

图 1-6　2020 年世界石油贸易流向示意

（三）天然气

2020 年世界天然气贸易量 12 437 亿 m³，比上年下降 3.3%，管道贸易大幅下降，LNG 小幅增长。管道贸易主要包括从俄罗斯、挪威流向欧洲其他国家和从加拿大流向美国。LNG 主要从中东、北非地区流向东亚。2020 年，世界 LNG 贸易量为 4879 亿 m³，比上年增长 0.6%，远低于过去 10 年 6.8% 年均增速，主要贡献来自美国（140 亿 m³，29.2%），澳大利亚（15 亿 m³，1.2%）和俄罗斯（7 亿 m³，3.1%）小幅增长；管道贸易量为 7558 亿 m³，比上年下降 5.7%。管道和 LNG 分别占世界天然气贸易量的 62.3% 和 37.7%。2020 年世界天然气贸易流向示意如图 1-7 所示。

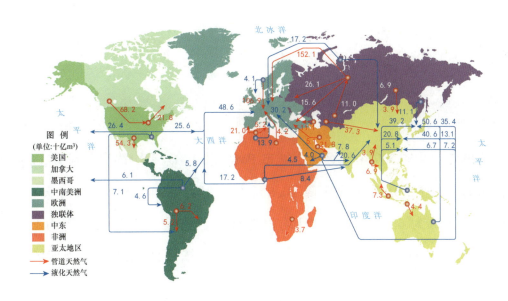

图 1-7   2020 年世界天然气贸易流向示意

1.1.5   能源环境

发展中国家可吸入颗粒物（PM₂.₅）浓度是发达国家的 4～10 倍。美国、日本、德国、法国、英国、加拿大等发达国家 2017 年 PM$_{2.5}$ 浓度均低于 15μg/m³。中国 PM$_{2.5}$ 浓度达到 52.7μg/m³；印度为 90.9μg/m³。2010—2017 年世界主要国家大气中可吸入颗粒物（PM$_{2.5}$）浓度如表 1-2 所示。

表 1-2 2010—2017 年世界主要国家大气中可吸入颗粒物（PM$_{2.5}$）浓度　　μg/m^3

国家	2010 年	2011 年	2012 年	2013 年	2014 年	2015 年	2016 年	2017 年
美国	9.36	9.74	9.00	8.73	8.22	8.06	7.41	7.41
中国	69.48	70.54	63.83	65.51	59.77	59.06	52.21	52.66
日本	14.14	14.14	13.13	13.36	12.59	12.69	11.62	11.70
德国	15.19	14.66	13.58	13.19	12.75	12.83	11.94	12.03
法国	14.85	14.88	13.83	13.59	12.29	12.75	11.86	11.81
巴西	15.96	15.91	15.29	14.61	13.99	13.59	12.66	12.71
英国	12.30	12.85	11.81	11.62	10.80	10.75	10.50	10.47
意大利	19.03	19.99	18.11	17.76	17.77	17.89	16.49	16.75
加拿大	8.38	8.62	8.11	7.79	7.43	7.15	6.55	6.43
俄罗斯	19.48	19.19	18.30	17.80	16.58	17.02	16.22	16.16
印度	95.76	97.60	88.17	91.80	89.62	89.30	89.67	90.87
西班牙	11.35	12.04	11.15	10.74	10.07	10.45	9.70	9.70

数据来源：世界银行（WB）数据库。

2020 年，中国 337 个地级以上城市 PM$_{2.5}$ 和 PM$_{10}$ 平均浓度分别为 33μg/m^3 和 59μg/m^3，较 2019 年分别下降 10.8%、11.9%。 PM$_{2.5}$ 日均值超标天数占监测天数的比例为 6.8%；PM$_{10}$ 日均值超标天数占监测天数的比例为 2.6%。2020 年 337 个地级以上城市可吸入颗粒物不同浓度区间城市比例如图 1-8 所示。

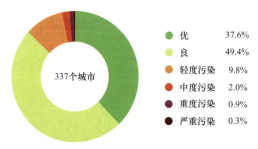

	优	37.6%
	良	49.4%
	轻度污染	9.8%
	中度污染	2.0%
	重度污染	0.9%
	严重污染	0.3%

图 1-8　2020 年 337 个地级以上城市可吸入颗粒物不同浓度区间城市比例

数据来源：2020 中国环境状况公报。

1.2 　主要国家能源发展比较

1.2.1 　一次能源消费比较

中国、美国、印度仍是世界上前三能源消费大国，占世界一次能源消费总量的 47.6%。图 1-9 展示了 2020 年世界一次能源消费排名前二十国家。2020 年中国一次能源消费量约为 49.63 亿 tce，占世界一次能源消费量的 26.1%；美国居第二位，一次能源消费量为 29.96 亿 tce，占世界总量的 15.8%；印度居第三位，一次能源消费量为 10.91 亿 tce，占世界总量的 5.7%。

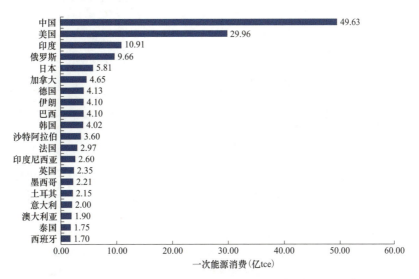

图 1-9 　2020 年世界一次能源消费排名前二十国家

2020 年中国占世界一次能源消费量的 26.1%，连续 20 年居世界能源消费榜首。2020 年，中国一次能源消费增速为 2.1%，较 2019 年下降 2.3 个百分点，是新冠肺炎疫情下为数不多的几个正增长的国家之一，过去十年平均增速为 3.8%；美国一次能源消费比上年下降 7.7%；印度一次能源消费比上年下降 5.9%，过去十年平均增速为 4.7%。2020 年世界主要国家一次能源消费所占比例如图 1-10 所示。

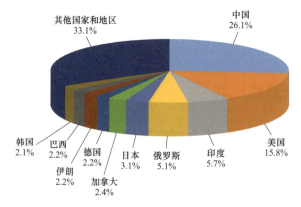

图 1-10　2020 年世界主要国家一次能源消费所占比例

世界十大能源消费国中大部分国家能源消费以油气为主，只有中国和印度以煤炭为主。2020 年，中国一次能源消费中原煤占 56.6%，石油和天然气合计占 27.8%；印度一次能源消费中原煤占 54.8%，石油和天然气合计占 34.9%；俄罗斯一次能源消费中天然气所占比重较大，为 52.3%；美国油气合计比重达到 71.2%，日本、加拿大、德国和韩国油气合计比重均超过 58%；巴西非化石能源消费占比较大，为 47.1%；伊朗天然气占比为 69.8%，石油占比为 27.5%，油气比重高达 97.3%。2020 年世界主要国家一次能源消费结构如图 1-11 所示。

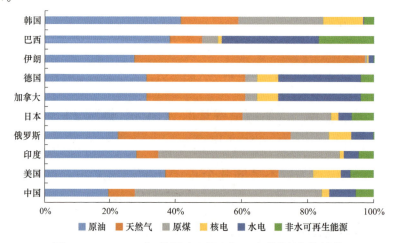

图 1-11　2020 年世界主要国家一次能源消费结构

从原煤消费来看，中国是世界最大的原煤消费国，其次是印度、美国，三国合计占世界原煤消费 72%。2020 年，中国煤炭消费量为 28.07 亿 tce，比上年增长 0.3%，占世界原煤总消费量的 54.3%；印度煤炭消费量为 5.98 亿 tce，比上年下降 6.0%，占世界原煤消费总量 11.6%；美国煤炭消费量为 1.34 亿 tce，比上年下降 19.1%，占世界原煤消费 6.1%。中国（1638 万 tce）和越南（102 万 tce）是十大原煤消费大国中仅有的两个正增长国家。煤炭消费降幅量较大的是美国（7302 万 tce）、韩国（1399 万 tce）、德国（1365 万 tce）。欧盟煤炭消费大幅下降，比上年下降 19.4%，减煤 4799 万 tce。2020 年世界十大原煤消费国消费量所占比例如图 1 - 12 所示。

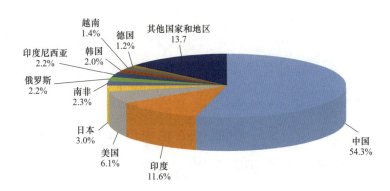

图 1 - 12　2020 年世界十大原煤消费国消费量所占比例

从原油消费来看，美国是世界上最大的原油消费国，其次是中国、印度，三国合计占世界原油消费 40.5%。2020 年，美国原油消费量约为 7.40 亿 t，比上年下降 12.7%，占世界原油消费总量的 18.5%；中国原油消费量居世界第二位，约为 6.69 亿 t，比上年增长 2.0%，占世界原油消费总量的 16.7%，中国是世界原油消费唯一正增长的国家；印度为世界第三大原油消费国，为 2.13 亿 t，占世界原油消费总量的 5.3%。2020 年世界十大原油消费国消费量所占比例如图 1 - 13 所示。

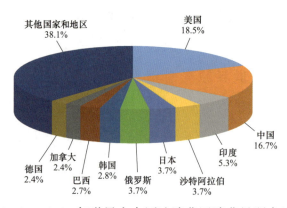

图 1-13　2020 年世界十大原油消费国消费量所占比例

从天然气消费来看，美国是世界上最大的天然气消费国，其次为俄罗斯和中国，三国合计占世界天然气消费 41.2%。2020 年，美国天然气消费量为 8320 亿 m^3，比上年下降 2.3%，占世界总量的 21.8%；俄罗斯天然气消费量为 4114 亿 m^3，比上年下降 7.7%，占世界总量的 10.8%；中国天然气消费量为 3306 亿 m^3，比上年增长 6.9%，占世界总量的 8.6%。2020 年，俄罗斯和美国天然气消费下降最多，分别下降 329 亿 m^3 和 172 亿 m^3；十大天然气消费国只有中国（222 亿 m^3）、伊朗（96 亿 m^3）和沙特阿拉伯（10 亿 m^3）天然气消费是正增长。2020 年世界十大天然气消费国消费量所占比例如图 1-14 所示。

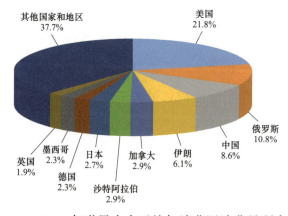

图 1-14　2020 年世界十大天然气消费国消费量所占比例

从核能消费来看，美国是世界上第一核电大国，其次是中国和法国，三国合计占比 57.5%。2020 年，美国核电发电量 8315 亿 kW·h，比上年下降 2.7%，占世界总量的 30.8%；中国超越法国位居第二，核电发电量 3662 亿 kW·h，比上年增长 4.7%，占世界总量的 13.6%。法国退居第三位，核电发电量 3538 亿 kW·h，比上年下降 13.1%，占世界总量的 13.1%，法国近年一直在着力降低核电比重，2019 年法国核电发电占比近 70%。2020 年世界十大核电国如图 1-15 所示。

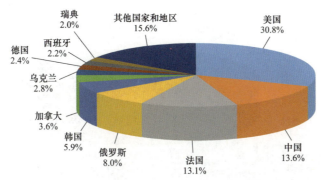

图 1-15   2020 年世界十大核电国消费量所占比例

从水电消费来看，中国是世界第一水电大国，其次是巴西和加拿大，合计占比为 49%。2020 年，中国水电发电量为 13 220 亿 kW·h，比上年增长 3.6%，占世界总量的 30.8%；巴西水电发电量为 3968 亿 kW·h，占世界总量的 9.2%；加拿大为世界第三，水电发电量为 3847 亿 kW·h，占世界总量的 9.0%。2020 年世界十大水电国消费量所占比例如图 1-16 所示。

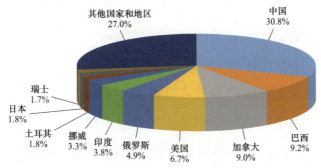

图 1-16   2020 年世界十大水电国消费量所占比例

从非水可再生能源消费来看，中国是世界最大的非水可再生能源消费国，其次是美国和德国，合计占比 **51%**。2020 年，中国非水可再生能源消费量为 2.66 亿 tce，比上年增长 15.1%，占世界总量的 24.6%，居世界第一；美国非水可再生能源消费量为 2.0 亿 tce，比上年增长 7.4%，占世界总量的 19.4%，居世界第二；德国非水可再生能源消费量 0.75 亿 tce，比上年增长 4.7%，占世界总量的 7.0%，居世界第三。2020 年世界十大非水可再生能源消费国消费量所占比例如图 1-17 所示。

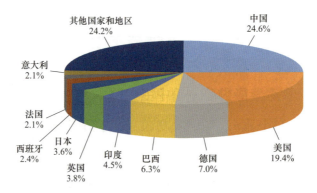

图 1-17 2020 年世界十大非水可再生能源消费国消费量所占比例

1.2.2 终端能源消费比较

中国、美国、印度仍是世界上前三大终端能源消费大国，占世界终端能源消费 **43.3%**。图 1-18 显示了 2019 年世界终端能源消费排名前二十国家。2019 年中国终端能源消费量约为 30.01 亿 tce，占世界终端能源消费量的 21.0%；美国居第二位，终端能源消费量为 22.69 亿 tce，占世界总量的 15.9%；印度居第三位，一次能源消费量为 0.9 亿 tce，占世界总量的 6.3%。

分部门看，中国工业部门用能占比最高 **(48.8%)**，美国交通部门用能占比最高 **(40.1%)**。中国、印度、日本、俄罗斯、韩国工业用能占比最高，分别为 48.8%、38.5%、29.2%、28.0%、25.9%。美国、巴西、加拿大、德国交通用能占比最高，分别为 40.1%、37.9%、33.1%、25.5%。伊朗居民用能占

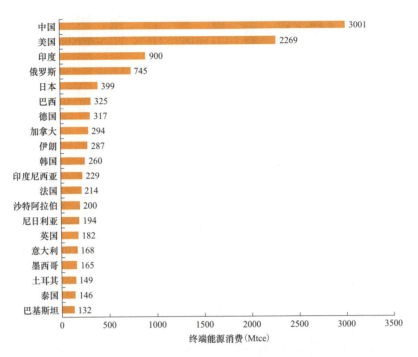

图 1-18　2019 年世界终端能源消费排名前二十国家

比最高，为 27.0%。另外，中国、印度、俄罗斯、伊朗终端部门中"工业＋居民"用能占比最高，分别为 65.6%、63.9%、55.6%、51.2%。巴西、加拿大、日本、韩国终端部门中"交通＋工业"用能占比最高，分别为 70.4%、56%、54%、46%，另外，日本商业和公共服务部门用能占比在十大能源消费国中最高，为 17.9%；韩国工业部门中非能利用占比较高，为 27.5%。美国、德国终端部门中"交通＋居民"用能占比较高，分别为 57.1%、51.1%。2019年世界十大能源消费国终端能源消费分部门构成如图 1-19 所示。

分品种看，世界十大终端能源消费国中发达国家终端能源消费以油气为主，中国煤炭终端消费比重最高。伊朗、美国、加拿大油气在终端能源消费中比重超过 70%，分别为 88.2%、72.2%、71.0%。印度生物质等其他能源利用较多，油气比重为 38.5%。韩国、日本石油在终端能源消费中的比重超过50%，分别为 53.6%、51.1%。伊朗、俄罗斯、加拿大、德国和美国天然气在

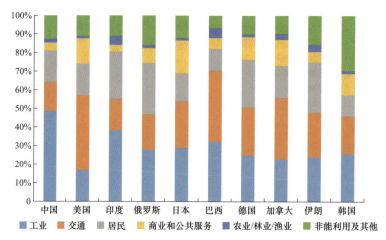

图 1-19　2019 年世界十大能源消费国终端能源消费分部门构成

终端能源消费中的比重超过 20％，分别为 53.6％、35.4％、25.6％、25.2％、24.1％。中国煤炭终端消费占终端消费总量的 27.3％，远高于其他国家。2019 年世界十大能源消费国终端能源消费分品种构成如图 1-20 所示。

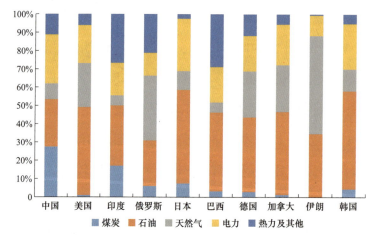

图 1-20　2019 年世界十大能源消费国终端能源消费分品种构成

从终端煤炭消费来看，中国是世界最大终端煤炭消费大国，其次是印度、俄罗斯，合计占比 74.9％。 十大终端煤炭消费国中，中国终端煤炭消费量为 6.20 亿 tce，占世界总量的 60.4％，是世界第一大煤炭消费国；印度为 1.53 亿 tce，占世界总量的 11.2％；俄罗斯为 0.44 亿 tce，占世界总量的 3.3％。2019

年世界十大终端煤炭消费国消费量所占比例如图 1-21 所示。

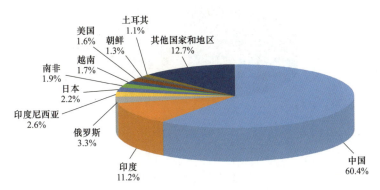

图 1-21 2019 年世界十大终端煤炭消费国所占比例

从终端原油消费来看，美国是世界最大终端石油消费国，其次是中国、印度，合计占比 37.6%。 美国终端石油消费量最高，达到 10.91 亿 tce，占世界总量的 18.9%；中国为 7.8 亿 tce，占世界总量的 13.5%；印度为 2.97 亿 tce，占世界总量的 5.2%。2019 年世界十大终端石油消费国消费量所占比例如图 1-22 所示。

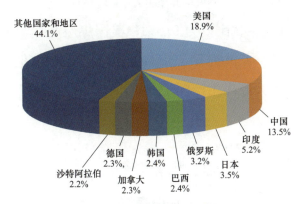

图 1-22 2019 年世界十大终端石油消费国消费量所占比例

从终端天然气消费来看，美国是世界最大终端天然气消费大国，其次是俄罗斯和中国，合计占比 45.7%。 十大终端天然气消费国中，美国终端天然气消费量最高，达到 5.46 亿 tce，占世界的 23.4%；俄罗斯位居世界第二，为 2.64 亿 tce，占世界的 11.3%；中国为 2.56 亿 tce，占世界总量的 11.0%。2019 年世界十大终端天然气消费国消费量所占比例如图 1-23 所示。

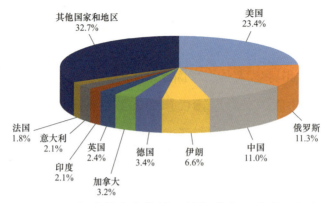

图 1-23 2019 年世界十大终端天然气消费国消费量所占比例

1.2.3 能源生产比较

从煤炭生产来看，中国是世界第一大煤炭生产国，其次是印度和印度尼西亚，合计占比 **67.5%**。2020 年，中国煤炭产量为 39.02 亿 t，比上年增长 1.2%，远低于过去 10 年 2.1% 年均增速，占世界比重为 50.4%；其次为印度，产量为 7.56 亿 t，占世界的比重为 9.8%；美国煤炭产量大幅下降 25%，印度尼西亚首次超过美国，居世界第三，煤炭产量为 5.63 亿 t，占世界比重为 7.3%。2020 年世界十大原煤生产国生产量占比如图 1-24 所示。

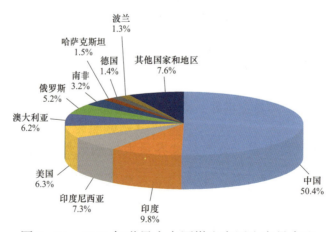

图 1-24 2020 年世界十大原煤生产国生产量占比

从原油生产来看，美国是世界最大石油生产国，其次是俄罗斯和沙特阿拉伯，三国合计占比 **42.2%**。2020 年，受新冠肺炎疫情影响，全球原油产量平均每天减产 660 万桶，石油输出国组织（OPEC）减产贡献占比 2/3，其中利比亚（－92 万桶/天）和沙特阿拉伯（－79 万桶/天）减产最多。中东以外的其他地区石油产量下降最多的是俄罗斯（－100 万桶/天）和美国（－60 万桶/天）。2020 年世界十大石油生产国生产量所占比例如图 1-25 所示。

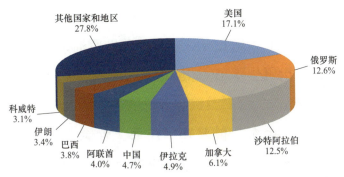

图 1-25　2020 年世界十大石油生产国生产量所占比例

从天然气生产来看，美国是世界最大的天然气生产国，其次俄罗斯和伊朗，三国合计占比 46.8%。2020 年，美国天然气产量为 9146 亿 m^3，比上年下降 1.9%，占世界的比重为 23.7%；其次是俄罗斯和伊朗，天然气产量分别为 6385 亿 m^3 和 2508 亿 m^3，占世界的比重分别为 16.6% 和 6.5%；中国天然气产量居世界第四位，为 1940 亿 m^3，比上年增长 9.0%。2020 年世界十大天然气生产国生产量所占比例如图 1-26 所示。

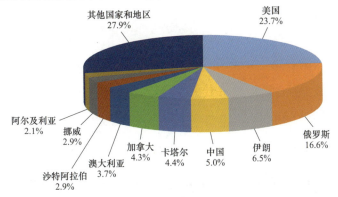

图 1-26　2020 年世界十大天然气生产国生产量所占比例

1.2.4 能源贸易比较

从原油进口量看，中国、欧洲、美国、印度和日本是主要的原油进口国（地区），进口量合计占世界原油进口总量的 **78.5%**。2020 年，欧洲原油进口量为 4.76 亿 t，比上年下降 14.4%，占世界原油进口总量的 22.6%；美国原油进口量为 2.94 亿 t，比上年下降 13.3%，占世界总量的 13.9%；中国原油进口量为 5.57 亿 t，比上年增长 9.8%，占世界原油进口总量的 26.4%；印度原油进口量为 2.04 亿 t，比上年下降 8.1%，占世界原油进口总量的 9.7%。

从原油出口量看，中东、俄罗斯、西非、加拿大和中南美洲是主要的原油出口地区，出口量合计占世界原油出口总量的 **74.4%**。2020 年，中东原油出口量为 8.75 亿 t，比上年下降 5.6%，占世界原油出口总量的 41.5%；俄罗斯出口量为 2.60 亿 t，比上年下降 10.0%，占世界原油出口总量的 12.3%；美国出口量为 1.55 亿 t，比上年增长 9.0%，占世界原油出口总量的 7.4%。

2020 年部分国家（地区）原油出口和进口情况如表 1-3 所示。

表 1-3　　　　2020 年部分国家（地区）原油出口和进口情况　　　　亿 t

出　口　量		进　口　量	
中东	8.75	中国	5.57
俄罗斯	2.60	欧洲	4.76
西非	2.04	美国	2.94
加拿大	1.89	印度	2.04
中南美洲	1.46	日本	1.24

美国、中东、俄罗斯、欧洲和新加坡是主要的石油产品出口国（地区），出口量合计占世界出口总量的 67.0%。欧洲、新加坡、美国、中南美洲和中国是主要的石油产品进口国（地区），进口量合计占世界进口总量

的 49.4％。2020 年部分国家（地区）石油产品出口和进口情况如表 1 - 4
所示。

表 1 - 4　　　2020 年部分国家（地区）石油产品出口和进口情况　　　亿 t

出　口　量		进　口　量	
美国	2.40	欧洲	1.77
中东	2.12	新加坡	1.12
俄罗斯	1.07	美国	1.12
欧洲	1.04	中南美洲	1.09
新加坡	0.71	中国	0.78

世界管道天然气主要出口国是俄罗斯、挪威、美国、加拿大和土库曼斯
坦，合计出口量为 4805 亿 m^3，占世界总量的 63.6％。管道天然气主要进口国
是德国、美国、墨西哥、意大利和中国，合计进口量为 3112 亿 m^3，占世界总
进口量的 42.4％。2020 年世界主要国家（地区）管道天然气进出口情况如表
1 - 5 所示。

表 1 - 5　　　2020 年世界主要国家（地区）管道天然气进出口情况　　　亿 m^3

出　　口		进　　口	
国家（地区）	出口量	国家（地区）	进口量
俄罗斯	1977	德国	1020
挪威	1069	美国	682
美国	761	墨西哥	508
加拿大	682	意大利	451
土库曼斯坦	316	中国	451

LNG 主要出口国是澳大利亚、卡塔尔、美国、俄罗斯和马来西亚，合计出
口量为 3469 亿 m^3，占世界出口总量的 71.1％。LNG 主要进口国家（地区）是
日本、中国、韩国、印度和西班牙，合计进口量 3080 亿 m^3，占世界进口总量
的 63.1％。2020 年世界主要国家（地区）LNG 天然气出口和进口情况如表 1 - 6
所示。

表 1-6   2020 年世界主要国家（地区）LNG 天然气出口和进口情况　　　　亿 m³

出　　口		进　　口	
国家（地区）	出口量	国家（地区）	进口量
澳大利亚	1062	日本	1020
卡塔尔	1061	中国	940
美国	614	韩国	553
俄罗斯	404	印度	358
马来西亚	328	西班牙	209

1.3   主要国家能源发展关键指标比较

1.3.1   人均一次能源消费量

由于一次能源消费大幅下降，**2020 年世界人均一次能源消费比上年下降 5.5%，是自 2010 年以来最低水平**。2020 年世界人均一次能源消费为 2.44tce，比上年下降 5.5%，近 10 年年均增速为 0.7%，近 10 年增速整体平稳。1965—2020 年世界人均一次能源消费如图 1-27 所示。

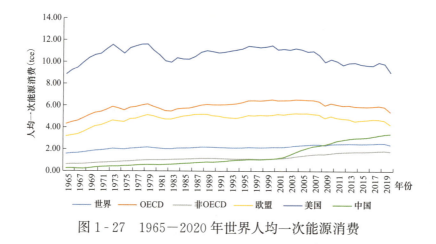

图 1-27   1965—2020 年世界人均一次能源消费

2020 年发达国家人均一次能源消费量是发展中国家的 3 倍，近 20 年差距已大幅缩小。2020 年，OECD 国家人均一次能源消费为 5.43tce，非 OECD 国家人均一次能源消费为 1.80tce，欧盟人均一次能源消费为 4.27tce。OECD 国家在 2000 年后人均一次能源消费增长进入平台期，而非 OECD 国家进入平缓增长期。2009－2019 年期间，OECD 国家人均一次能源消费年均增长 0.3%，非 OECD 国家人均一次能源消费量年均增长 1.8%。2000 年 OECD 国家人均一次能源消费是非 OECD 国家 5.8 倍，2020 年已下降至 3.0 倍。

2020 年中国人均一次能源消费是美国的三分之一，近 20 年中国人均一次能源消费翻了 3 倍。2020 年，在世界能源消费大国中，加拿大人均一次能源消费量最高，为 12.32tce；美国、韩国和俄罗斯仅次于加拿大，分别为 9.05、7.84、6.62tce；德国、伊朗、日本在 4~6tce 之间；印度人均水平较低，仅为 0.79tce。2020 年中国人均一次能源消费为 3.45tce，比上年增长 1.7%，近 10 年年均增速为 3.3%，中国人均一次能源消费 2000 年后进入快速增长期，2020 年人均一次能源消费是 2000 年的 3 倍。2020 年世界主要国家人均一次能源消费量如图 1-28 所示。

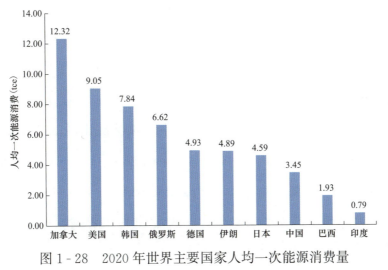

图 1-28　2020 年世界主要国家人均一次能源消费量

1.3.2　单位产值能耗

2019 年世界单位产值能耗为 0.246tce/千美元（按汇率计算，2015 年美元不变价，下同），较上年略有下降。世界单位产值能耗整体呈缓慢下降趋势，发达国家单位产值能耗普遍低于发展中国家。2019 年，OECD 国家单位产值能耗为 0.150tce/千美元，非 OECD 国家为 0.377tce/千美元，非 OECD 国家单位产值能耗是 OECD 国家 2 倍多。1971－2019 年世界单位产值能耗如图 1-29 所示。

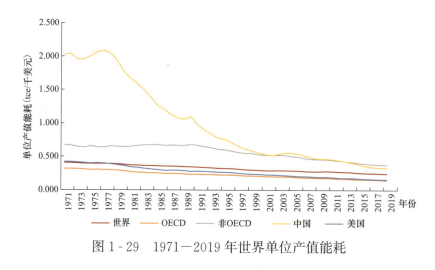

图 1-29　1971－2019 年世界单位产值能耗

发达国家单位产值能耗显著高于发达国家，中国单位产值能耗呈快速下降趋势。在世界能源消费大国中，伊朗、俄罗斯能源资源丰富，且供暖能源消耗较多，因而单位产值能耗高，分别为 0.953、0.764tce/千美元。2019 年，中国单位产值能耗为 0.331tce/千美元，比世界平均水平高出 34.6%，较 2005 年下降了 40%。发达国家中，美国、日本、德国单位产值能耗较低，分别为 0.159、0.129、0.117tce/千美元；加拿大、韩国相对较高，分别为 0.259、0.244tce/千美元，加拿大略高于世界平均水平。2019 年世界主要国家单位产值能耗如图 1-30 所示。

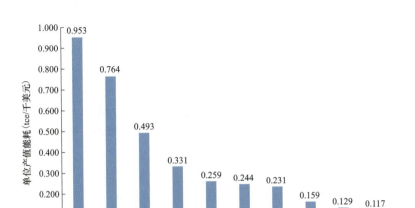

图 1-30　2019 年主要国家单位产值能耗

1.3.3　能源对外依存度

由于能源资源禀赋、能源消费、能源战略等不同，各国能源对外依存度也存在较大差异❶。**总体来看，发达国家能源对外依存度高于发展中国家**。在世界十大能源消费国中，俄罗斯、加拿大、伊朗、巴西、美国是能源净出口国家，对外依存度为负，**美国 2019 年首次从能源净进口国家转为能源净出口国家**；中国、印度能源对外依存度分别为 20.0% 和 38.0%，处于中游水平；德国、韩国、日本能源对外依存度均超过 60%；日本对外依存度最高，为88.0%。2019 年世界主要国家能源对外依存度如图 1-31 所示。

主要国家石油对外依存度呈结构分化。日本、德国、韩国长期高度依赖进口，2020 年石油对外依存度分别为 100%、99%、97%，日本石油全部依赖进口。**中国、印度石油对外依存度不断飙升**，2019 年分别为 71%、84%，较2000 年分别上升了 43、17 个百分点，中国石油对外依存度上升最为显著，2020 年已达 73%❷，较 2019 年上升了 2 个百分点。**美国石油对外依存度大幅下**

❶　能源对外依存度＝能源净进口量/能源消费量。

❷　数据来源于《2020 年国内油气行业发展报告》。

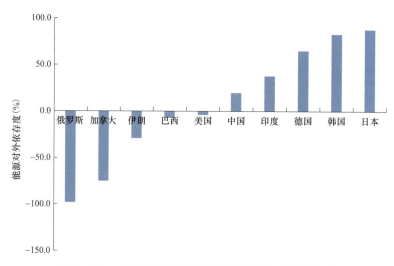

图 1 - 31　2019 年世界主要国家能源对外依存度

降，2020 年美国已成为石油净出口国家，而在 2000 年时石油对外依存度为 58%。2000—2020 年世界主要国家石油对外依存度如图 1 - 32 所示。

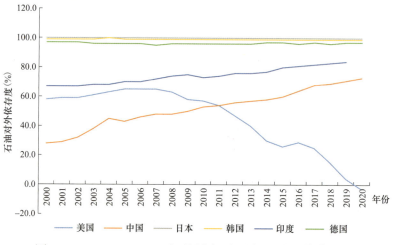

图 1 - 32　2000—2020 年世界主要国家石油对外依存度

从天然气对外依存看，日本、韩国、德国度高度依赖进口，中国和印度处于中游。2020 年，日本、韩国、德国天然气对外依存度分别为 97%、100%、95%，日本和韩国天然气长期高度依赖进口，近 20 年一直保持在 97% 以上，德国 2000 年后大幅上升，上升了 17 个百分点。印度、中国天然气对外依存度

2000 年后快速飙升，2019 年分别为 54％、41％，较 2000 年分别上升了 54、39 个百分点，中国天然气对外依存度 2020 年已上升至 43％[1]，为历史最高值。美国天然气对外依存度近 20 年大幅下降，2019 年已成为天然气净出口国家。2000—2020 年世界主要国家天然气对外依存度如图 1‐33 所示。

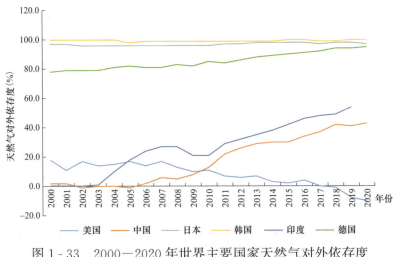

图 1‐33　2000—2020 年世界主要国家天然气对外依存度

1.4　世界及主要国家能源碳排放比较

1.4.1　世界能源碳排放总体情况

2020 年世界能源消费产生的碳排放大幅下降 6.3％，为自 1945 年以来最大降幅。受新冠肺炎疫情影响，能源消费大幅减少带来碳排放大幅下降，2020 年世界 CO_2 排放量为 319.83 亿 t，比上年下降 6.3％，**达到自 2011 年以来最低水平**，低于 2009—2019 年年均 1.4％的增速。2010—2020 年世界化石燃料燃烧产生的 CO_2 排放量及增速如图 1‐34 所示。

---

❶　数据来源于《2020 年国内油气行业发展报告》。

图 1-34   2010－2020 年世界化石燃料燃烧产生的 CO_2 排放量及增长速度

从分品种看，煤炭消费仍是化石燃料燃烧产生 CO_2 排放的主要来源，但自 **2011 年以来占比一直下降**。2019 年，燃煤排放的 CO_2 为 147.96 亿 t，比上年下降 1.2％，占世界 CO_2 排放总量的 44.0％，较 2018 年下降 0.5 个百分点，较 2000 年上升了 5.6 个百分点；其次为石油燃烧，其 CO_2 排放量为 113.44 亿 t，占比为 34.7％，与 2018 年基本持平，较 2000 年下降了 6.8 个百分点，石油燃烧 CO_2 排放占比自 2000 年以来一直呈下降趋势；天然气 CO_2 燃烧排放 72.50 亿 t，占比为 25.2％，较 2018 年上升 0.6 个百分点。2000－2019 年世界化石燃料燃烧 CO_2 排放分品种构成如图 1-35 所示。

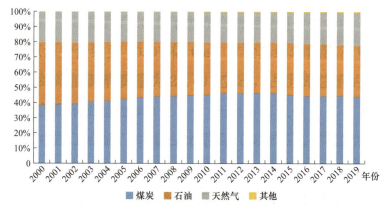

图 1-35   2000－2019 年世界化石燃料燃烧 CO_2 排放分品种构成

从分部门看，发电供热碳排放占比最高，约为 42%。2019 年，发电供热 CO_2 排放为 140.68 亿 t，占比为 41.08%，在所有部门占比最高；其次为交通行业，其 CO_2 排放量为 82.22 亿 t，占比为 24.5%；工业领域 CO_2 排放量为 62.54 亿 t，占比为 18.6%；建筑领域 CO_2 排放量为 27.94 亿 t，占比为 8.3%。自 2000 年以来，交通、建筑领域 CO_2 排放占比呈下降趋势，2019 年较 2000 年分别下降了 0.3、2.6 个百分点；而发电供热、工业领域 CO_2 排放占比分别上升了 1.5、1.9 个百分点。2000—2019 年世界化石燃料燃烧 CO_2 排放分部门构成如图 1-36 所示。

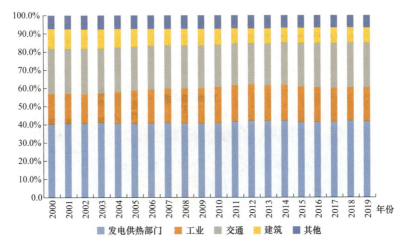

图 1-36　2000—2019 年世界化石燃料燃烧 CO_2 排放分部门构成

1.4.2　主要国家能源碳排放比较

2020 年，中国能源燃烧碳排放小幅增长，美国、欧盟、印度和日本等主要经济体都大幅下降。2020 年，中国、美国、欧盟、英国、印度、日本、韩国能源燃烧 CO_2 排放量分别为 98.9 亿、44.3 亿、25.5 亿、3.2 亿、23.0 亿、10.3 亿、5.8 亿 t，合计占全球的 63.2%。2020 年，中国 CO_2 排放量小幅增长，比上年增长 0.6%，远低于过去 10 年 2.4% 年均增速，占世界 CO_2 排放总量的 30.9%；美国、欧盟、英国、印度、日本、韩国 CO_2 排放量大幅下降，年度增速分别为−11.5％、−13.4％、−16.3、−7.1％、−8.4％、−7.5％。**美国、欧盟、英国、日本已分别于 2007、1979、1973、2005 年达峰**。1965−2020 年主要国家（地区）碳排放如图 1-37 所示。

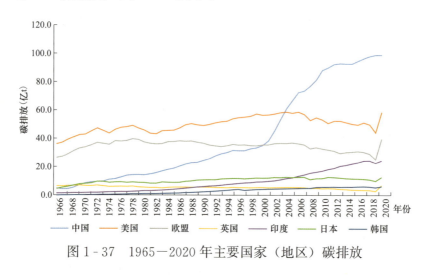

图 1-37 1965−2020 年主要国家（地区）碳排放

分部门看，中国、俄罗斯、印度、日本、韩国发电供热部门碳排放占比高，美国、加拿大、英国、法国交通部门碳排放占比高。2019 年，中国、俄罗斯、印度、日本、韩国发电供热部门碳排放占所在国家所有部门碳排放比重分别为 53.1％、49.7％、50.8％、47.9％、54.1％，远超世界发电供热部门碳排放的平均水平（占比为 41.8％）。中国、印度、俄罗斯碳排放占比第二大部门均为工业部门，而韩国、日本为交通部门。美国、加拿大、英国、法国交通部门碳排放占比最高，分别为 37.0％、33.5％、34.6％、42.8％。德国发电供热部门和交通部门是碳排放占比较高两大部门，分别为 37.1％、24.9％。2019 年主要国家碳排放分部门占比如图 1-38 所示。

1.4.3 主要国家人均碳排放比较

美国人均碳排放是中国 2 倍多，中国人均碳排放自 2000 年以来翻了近 3 倍。2019 年，世界人均碳排放为 4.39t CO_2/人，较 2020 年下降 16.7％。OECD 国家人均碳排放为 8.34t CO_2/人。OECD 国家的人均碳排放是 OECD 国

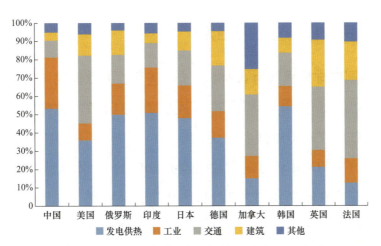

图 1 - 38 2019 年主要国家碳排放分部门占比

家的 2.5 倍。2019 年，美国人均碳排放 14.44t CO_2/人，美国人均碳排放自 2000 年以来一直保持下降趋势，2019 年人均碳排放较 2000 年下降了 28.8%。2019 年，中国人均碳排放 7.06t CO_2/人，是 2000 年的近 3 倍。2019 年，欧盟、日本人均碳排放分别 5.81、0.23t CO_2/人，近 20 年呈下降趋势，较 2000 年分别下降了 25.2%、20.7%。2019 年，俄罗斯、印度、韩国人均碳排放分别为 11.36、1.69、11.33t CO_2/人，较 2020 年分别上升了 12.9%、101.2%、23.3%。2000—2019 年世界主要国家（地区）人均 CO_2 排放量如图 1 - 39 所示。

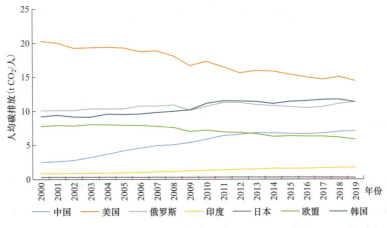

图 1 - 39 2000—2019 年世界主要国家（地区）人均 CO_2 排放量

1.4.4　主要国家碳排放强度比较

　　2019 年中国碳排放强度为 0.68kg CO_2/美元，是欧盟的 4 倍，自 2000 年以来下降了 35.8%。2019 年世界碳排放强度为 0.4kg CO_2/美元，较上年下降16.7%。OECD 国家碳排放强度为 0.32kg CO_2/美元，非 OECD 国家为 0.84kgCO_2/美元。非 OECD 国家的碳排放强度是 OECD 国家的近 2.6 倍。2019 年，俄罗斯、印度碳排放强度分别为 1.14、0.85kg CO_2/美元，是世界平均水平的2 倍多；中国碳排放强度为 0.68kg CO_2/美元，比上年下降 4.2%，较 2000 年下降了 35.8%；欧盟、美国、日本、韩国碳排放强度分别为 0.17、0.24、0.23、0.36kg CO_2/美元，欧盟碳排放强度不到世界平均水平的二分之一。2000－2019 年世界主要国家（地区）单位产值碳排放强度如图 1-40 所示。

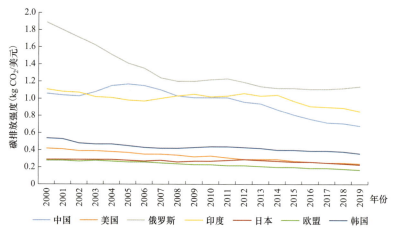

图 1-40　2000－2019 年世界主要国家（地区）单位产值碳排放强度

1.5　小结

　　（1）2020 年世界一次能源消费比上年下降 4.5%，是自第二次世界大战以来最大降幅。2020 年世界一次能源消费总量为 189.93 亿 tce，比上年下降

4.5%，过去 10 年的平均增速为 +1.9%。其中，石油消费大幅下降 9.7%，主要降幅来自美国、欧盟、印度，但石油仍是最主要一次能源，占比为 31.2%；原煤消费持续下降，比上年下降 4.2%，美国和印度是主要贡献者；世界天然气消费比上年下降 2.3%，但在一次能源消费中占比创历史新高，达 24.7%，接近四分之一。

（2）世界可再生能源消费持续增长，太阳能和风电规模创历史新高，能源消费持续向低碳清洁能源转型。2020 年，世界非水可再生能源消费量为 10.82 亿 tce，比上年增长 9.7%，近 10 年平均增速为 13.4%。太阳能发电和风电是可再生能源消费增长两大关键力量，太阳能发电量为 8557 亿 kW·h，比上年增长 20.5%；风电发电量为 15 912 亿 kW·h，比上年增长 11.9%，太阳能和风电新增装机合计为 238GW，几乎是历史年度装机最高水平的 2 倍。

（3）世界终端能源消费小幅增长 0.8%，中国工业部门用能占比最高（48.8%），美国交通部门用能占比最高（40.1%）。2019 年世界终端能源消费总量约为 142.6 亿 tce，比上年增长 0.8%，低于近十年平均增速。分品种看，2019 年世界煤炭、石油、天然气、电力、热力及其他能源占终端能源消费比重分别为 9.5%、40.4%、16.4%、19.7% 和 14.0%，石油占比最高，其次是电力、天然气。分部门看，中国、印度、日本、俄罗斯、韩国工业用能占比最高，分别为 48.8%、38.5%、29.2%、28.0%、25.9%。美国、巴西、加拿大、德国交通用能占比最高，分别为 40.1%、37.9%、33.1%、25.5%。

（4）2020 年能源消费产生的碳排放大幅下降 6.3%，是自 1945 年以来最大降幅。受新冠肺炎疫情影响，能源消费大幅减少带来碳排放大幅下降，2020 年世界 CO_2 排放量为 319.83 亿 t，比上年下降 6.3%，近 10 年年均增速为 1.4%，中国能源燃烧碳排放小幅增长，美国、欧盟、印度和日本等主要经济体都大幅下降。分品种看，煤炭消费仍是化石燃料燃烧产生 CO_2 排放的主要来源，占比为 44.0%，但自 2011 年以来占比一直下降。分部门看，发电供热 CO_2 排放占比最高，约为 42%。

（5）发达国家能源对外依存度高于发展中国家，美国 2019 年成为能源净出口国家。2019 年，美国能源对外依存度由正转负，成为能源净出口国家；中国、印度能源对外依存度分别为 20.0％ 和 38.0％，处于中游水平；德国、韩国、日本能源对外依存度均超过 60％；日本对外依存度最高，为 88.0％。在石油、天然气方面，日本、韩国、德国长期高度依赖进口，石油、天然气对外依存度超过 90％。中国和印度石油、天然气对外依存度不断飙升，2019 年石油对外依存度分别为 71％、84％，较 2000 年分别上升了 43、17 个百分点，印度、中国天然气对外依存度 2019 年分别为 54％、41％，较 2000 年分别上升了 54、39 个百分点。2020 年，中国石油、天然气对外依存度分别为 73％、43％。

2

2020 年国内外电力发展比较分析

2.1 世界电力发展状况

2.1.1 电力消费

2020 年，世界电力消费量为 22.7 万亿 kW·h，比上年下降 1.1%。根据 Global Data 数据统计，2020 年世界电力消费量为 22.7 万亿 kW·h，比上年下降 1.1%，增速较 2019 年下降 2.7 个百分点。2000—2020 年世界电力消费量变化情况如图 2-1 所示。

图 2-1 2000—2020 年世界电力消费量变化情况

2020 年，发达国家电力消费比上年下降 2.6%。据 IEA 统计[1]，2020 年 OECD 国家电力消费量为 10.3 万亿 kW·h，比上年下降 2.6%。其中，美国为 40 555 亿 kW·h，比上年下降 3.1%；韩国为 5673 亿 kW·h，比上年增长 0.9%；加拿大为 5497 亿 kW·h，比上年下降 2.6%；德国为 5356 亿 kW·h，比上年下降 2.4%；法国为 4495 亿 kW·h，比上年下降 5.4%；意大利为 2959 亿 kW·h，比上年下降 5.8%；英国为 3039 亿 kW·h，比上年下降 4.2%；日本为

---

[1] 来源：IEA，World Energy Balances。

9870 亿 kW•h，比上年下降 1.4%。

分行业看，世界电力消费以工业用电为主。2020 年，世界电力消费仍以工业用电为主，约占总用电量的 48.0%，其次为居民生活用电，约占 20.2%，商业服务业用电占 17.2%，交通用电占 1.7%，其他（包括农业、农林、渔业等）占 12.9%。2020 年世界电力消费分行业构成如图 2-2 所示。

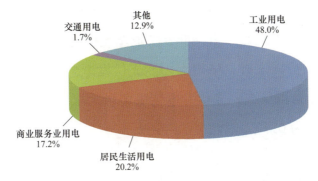

图 2-2　2020 年世界电力消费分行业构成

2.1.2　电力生产

（一）装机容量

2020 年世界发电装机容量比上年增长 4.5%，达 78.1 亿 kW，仍以火电为主[1]。其中，火电装机容量为 44.4 亿 kW，占比为 56.8%；水电装机容量为 13.2 亿 kW，占比为 17.0%；非水可再生能源装机容量为 16.6 亿 kW，占比为 21.2%；核电装机容量为 3.9 亿 kW，占比为 5.0%。

2020 年世界电源结构进一步向低碳方向发展。相比 2019 年，2020 年世界火电装机容量占总装机的比重下降 1.5 个百分点，水电装机容量比重下降 0.5 个百分点，核电装机容量比重下降 0.3 个百分点，非水可再生能源装机容量比重上升 2.2 个百分点。

2020 年世界风电装机容量持续增长，比上年增长 14.1%。2020 年，世界

---

[1]　数据来源：Global Data，中国装机数据来源于中电联，下同。

风电装机容量为 7.4 亿 kW，比上年增长 14.1%。分区域看，亚太地区风电装机容量为 3.5 亿 kW，世界占比为 46.7%；欧洲风电装机容量为 2.2 亿 kW，世界占比为 29.6%；北美风电装机容量为 1.4 亿 kW，世界占比为 19.2%。分国家看，中国风电装机容量为 2.8 亿 kW，位居世界第一；其次为美国，风电装机容量为 1.2 亿 kW；德国位居第三，风电装机容量为 0.6 亿 kW。

2020 年世界太阳能光伏发电新增装机容量为 1.3 亿 kW，比上年增长 22%，维持在较高水平。2020 年，世界太阳能光伏发电装机容量为 7.4 亿 kW，比上年增长 22%。分国家看，中国太阳能光伏发电装机容量为 2.5 亿 kW，位居世界第一；美国位居第二，光伏发电装机容量为 1.0 亿 kW；日本位居第三，光伏发电装机容量为 0.7 亿 kW。

（二）发电量

2020 年世界发电量约为 25.5 万亿 kW·h，比上年降低 0.8%❶。从发电量结构看，火电、水电、核电、非水可再生能源发电量分别占总发电量的 61.3%、16.5%、9.9% 和 12.3%；火电、核电发电量比重分别比上年下降 1.4、0.4 个百分点，水电、非水可再生能源发电量比重比上年上升 0.3、1.5 个百分点。2020 年世界发电量构成如图 2-3 所示。

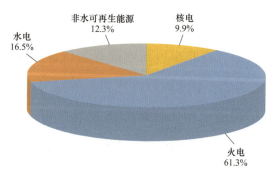

图 2-3　2020 年世界发电量构成

2020 年发达国家电力消费比上年下降 0.9%。根据 IEA 统计快报，2020 年

---

❶ 数据来源：Global Data。

OECD 国家电力生产总量为 10.7 万亿 kW·h，比上年下降 2.4%，可燃性燃料占比为 54.8%，其中：煤电占比为 20.6%；气电占比为 28.6%，占比最高；油电占比为 1.6%，生物质和垃圾发电占比为 3.9%。核电占比为 17.4%，水电占比为 14.7%，非水可再生能源发电占比为 13.2%。2020 年 OECD 国家分燃料类型发电量占比如图 2-4 所示。

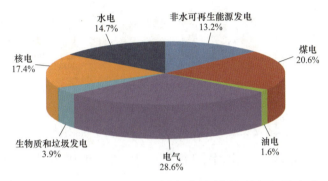

图 2-4　2020 年 OECD 国家分燃料类型发电量占比

2020 年 OECD 国家发电量普遍下降。2020 年，OECD 欧洲区域发电量下降最多，减少了 1180 亿 kW·h，比上年下降 3.5%；OECD 亚太区域发电减少 72 亿 kW·h，比上年下降 0.4%；OECD 欧洲区域发电量减少 1180 亿 kW·h，比上年下降 3.5%；OECD 美洲区域发电量减少 1541 亿 kW·h，比上年下降 3.0%。

2.1.3　发电成本

（一）化石能源

1. 煤电

2020 年，世界煤电项目平均投资成本为 892 美元/kW[1]。2010—2020 年，除 2012 年成本突破 880 美元以外，其余年份世界煤电成本在相对稳定的水平上下波动。2010—2020 年世界煤电项目投资成本变化趋势见图 2-5。

---

[1]　数据来源：Global Data，以 2020 年美元价格为基准，下同。

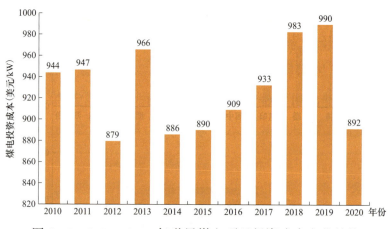

图 2-5 2010—2020 年世界煤电项目投资成本变化趋势

分地区来看，各地区 2020 年煤电成本与 2019 年相比降幅很小。美洲地区煤电成本为 1908 美元/kW，其中阿根廷、智利、美国煤电成本较高，均超过 2000 美元/kW。非洲、欧洲和中东地区煤电成本为 2135 美元/kW，其中捷克、芬兰、英国成本较高，均超过 2800 美元/kW，捷克达到 3462 美元/kW；意大利、法国、德国、摩洛哥在 2200 美元/kW 左右；南非低于 2100 美元/kW。亚太地区煤电成本较低，为 1332 美元/kW 左右，其中中国最低，为 668 美元/kW；日本最高，超过 2700 美元/kW。

2. 油电

2020 年，世界油电项目平均投资成本为 914 美元/kW，较上年略有下降。2010—2020 年，世界油电项目平均投资成本在 820～1023 美元/kW 之间波动，2015 年达到最低水平 820 美元/kW；2011 年最高，达到 1023 美元/kW。2010—2020 年世界油电项目投资成本变化趋势见图 2-6。

分地区来看，美洲地区油电成本较低，约为 910 美元/kW，其中，墨西哥最高，超过 1300 美元/kW；哥伦比亚次之，接近 1000 美元/kW；美国、加拿大均在 940 美元/kW 左右。非洲、欧洲和中东地区油电成本为 963 美元/kW，其中英国最高，接近 2000 美元/kW；爱尔兰接近 1500 美元/kW；比利时、俄罗斯、荷兰也接近 1400 美元/kW。亚太地区油电成本约为 930 美元/kW。其

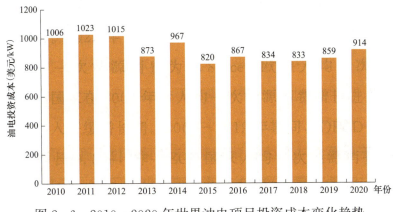

图 2-6　2010—2020 年世界油电项目投资成本变化趋势

中、中国最低，为 691 美元/kW；日本最高，为 1237 美元/kW。

3. 气电

2020 年，世界气电项目平均投资成本为 991 美元/kW，较上年有所上升。 2010—2020 年，世界气电成本在 991～1205 美元/kW 之间波动。2010—2020 年世界气电项目投资成本变化趋势见图 2-7。

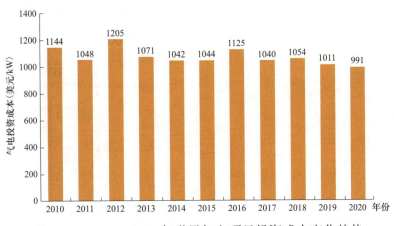

图 2-7　2010—2020 年世界气电项目投资成本变化趋势

分地区来看，美洲地区气电成本为 1198 美元/kW，其中加拿大最高，为 1586 美元/kW；巴西、美国次之，分别为 1407、1307 美元/kW；阿根廷、墨西哥、秘鲁较低，均低于 1000 美元/kW。非洲、欧洲和中东地区气电成本为

1232 美元/kW，其中，尼日利亚和保加利亚最高，成本为 1896 美元/kW 左右；伊朗、意大利、瑞典最低，均低于 800 美元/kW。亚太地区气电成本较低，为 953 美元/kW 左右，其中，中国最低，为 641 美元/kW；澳大利亚最高，超过 1604 美元/kW；日本超过 1500 美元/kW。

（二）非化石能源

世界非化石能源发电项目中，地热发电项目单位千瓦造价最高，2020 年约为 4820 美元/kW；光伏项目 2020 年单位造价继续下降，成为单位千瓦造价最低的品种，为 1007 美元/kW。水电和陆上风电项目单位千瓦造价也较低，分别为 1254 美元/kW 和 1397 美元/kW。核电、生物质发电项目单位千瓦造价在 2000 美元/kW 以上，分别为 2739、3580 美元/kW。光热发电和海上风电项目单位千瓦造价较高，分别为 4412、3200 美元/kW。2010—2020 年非化石能源投资成本变化趋势见图 2-8。

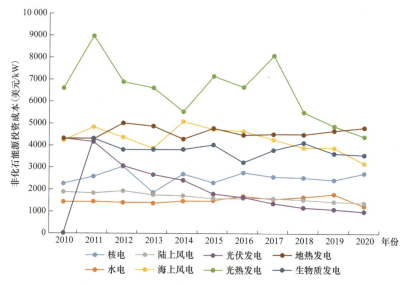

图 2-8　2010—2020 年世界非化石能源投资成本变化趋势

从图 2-8 可以看出，2010—2020 年间，平均投资成本降幅最大的是光伏发电项目，从 2010 年的 4335 美元/kW 下降到 2020 年的 1007 美元/kW，下降了 77%。陆上风电、海上风电成本呈下降趋势，比 2010 年分别下降了 26%、

25%。水电、光热、生物质发电成本呈波动下降趋势。核电在 2200～3100 美元/kW 之间波动。地热项目成本呈波动上升趋势。

2.1.4　电力贸易

当今相邻国家电力交易已非常普遍。OECD 国家，电力进口电量由 1974 年的 89TW•h 增加至 2019 年的 491TW•h，年均增长率为 3.9%，电力进口量占电力供应量比重由 1974 年的 2.0% 增长至 2019 年的 4.5%。电力出口量由 1974 年的 81TW•h 增加至 2019 年的 490TW•h，年均增长率为 4.1%，电力出口量占电力供应量比重由 1974 年的 1.8% 增长至 2019 年的 4.4%。OECD 国家电力交易由欧洲区域和美洲区域构成。OECD 欧洲区域 1974—2019 年间电力进口量年均增长率 4.0%；OECD 美洲区域 1974—2019 年间电力进口量年均增长率 3.2%。

非 OECD 国家，大量电力交易存在于俄罗斯联邦、吉尔吉斯斯坦、土库曼斯坦、乌克兰以及一些苏联国家之间，这些国家还与邻国，比如白俄罗斯、摩尔多瓦以及 OECD 欧洲区域进行大量电力交易。在东南欧地区，波斯尼亚和黑塞哥维那、保加利亚、克罗地亚、罗马尼亚和塞尔维之间也存在电力交易。

在南美地区，巴拉奎大量水电出口到巴西和阿根廷（2018 年巴拉奎净出口 42.2TW•h）。智利和阿根廷的电力交易在中断 4 年后于 2016 年恢复，然而在 2018 年电力交易再次中断。

在非洲地区，南非出口大量电力至邻国，比如津布布韦。莫桑比克自 1998 年已经成为净出口国家。2018 年南非净出口电量 4.7TW•h。由于本地发电量大幅下降，2018 年莫桑比克电力出口量仅小幅超过进口电量，净出口电量仅为 0.5TW•h。

在亚洲地区，印度从 2016 年起成为电力净出口国家，2018 年电力净出口电量 3.8TW•h。湄公河岸一些水电发源地国家，包括中国、老挝和缅甸，电力净出口量逐步增加。中国是亚洲地区主要的电力出口国家，2018 年电力净出口 14.1TW•h。

2.2 主要国家电力发展比较

2.2.1 电力消费比较

2020 年世界十大电力消费国依次为中国、美国、印度、日本、俄罗斯、韩国、德国、巴西、加拿大和法国，总消费电量约为 16.0 万亿 kW·h，约占世界总消费电量的 69.9%[●]。其中，中国、美国和印度的电力消费量超过 1 万亿 kW·h。2020 年世界十大电力消费国电力消费量如图 2-9 所示。

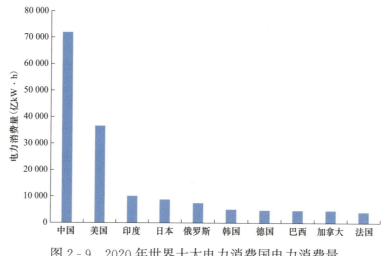

图 2-9　2020 年世界十大电力消费国电力消费量

2020 年初，突如其来的新冠肺炎疫情对全球经济和社会生活产生了巨大冲击，以习近平同志为核心的党中央坚强领导下，全国上下科学统筹疫情防控和经济社会发展，复工复产、复商复市取得明显成效，国民经济持续稳定恢复、推动全社会用电增速稳步回升。2020 年，中国全国全社会用电量 75 214 亿 kW·h，比上年增长 3.2%，增速比上年下降 1.2 个百分点。2010—2020 年中国全社会用电量及其增长情况见图 2-10。

---

❶　数据来源：Global Data。

图 2-10　2010—2020 年中国全社会用电量及其增长情况

　　受新冠肺炎疫情影响，第二、三产业电力消费比重降低，第二产业用电量依然是拉动全社会用电量增长的主力。与上年相比，2020 年全国城乡居民生活用电量占比提高 0.5 个百分点；第二、三产业用电量占比分别降低 0.4 和 0.2 个百分点。第二产业用电量为 51 318 亿 kW·h，增速为 2.7%，较上年回落 0.3 个百分点，依然是拉动全社会用电量增长的主力。第一产业和城乡居民生活用电量保持较快增长，对全社会用电量增长的拉动分别比上年提高 0.1 和 0.2 个百分点。2019、2020 年中国电力消费结构和 2020 年中国各产业及居民生活用电情况如图 2-11 和图 2-12 所示。

图 2-11　2019、2020 年中国电力消费结构

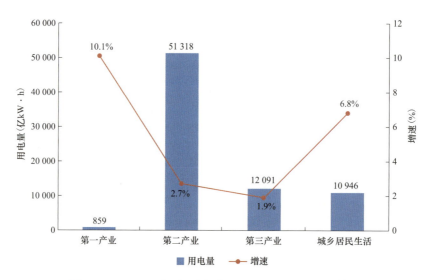

图 2‐12　2020 年中国各产业及居民生活用电情况

美国、法国电力消费以居民用电和商业服务业用电为主❶。2019 年美国电力消费构成为居民生活用电占 37.5%，商业服务业用电占 35.5%，工业用电占 19.6%，农业渔业用电占 2.0%，交通用电占 0.4%，其他占比为 5.0%。2019 年法国居民生活用电占比 37.1%，商业服务业用电占 31.7%，工业用电占 26.7%，交通用电占比约 2.3%，农业渔业用电占比约 1.9%，其他占比 0.3%。

日本、德国电力消费以工业和商业服务业用电为主。2019 年日本工业用电占 36.9%，商业服务业用电占 33.9%，居民生活用电占 27.0%，交通用电占 1.9%，农业渔业用电占 0.3%。2019 年德国工业用电占比 44.7%，商业服务业务用电占比 26.5%，居民生活用电占比 25.3%，交通用电占比约 2.3%。

加拿大电力消费以居民、工业、商业服务业用电为主。2019 年加拿大工业用电占比 35.7%，居民生活用电占比 32.5%，商业服务业用电占比 28.3%，农业渔业用电占比 2.0%，交通用电占比约 1.4%。

---

❶　数据来源：IEA，World Energy Balances。

韩国、印度、巴西、俄罗斯电力消费均以工业为主。2019 年韩国工业用电占比 52.0%，商业服务业占 31.2%，居民生活占 12.9%，农业渔业占 2.7%，交通用电占 0.6%。2019 年印度工业用电占 41.7%，其次为居民用电，约占 24.3%，交通用电约占 1.5%，农业渔业用电占 17.4%，商业服务业用电占 8.5%。2019 年巴西工业用电占 38.1%，其次是居民用电占 27.8%，商业服务业用电占 27.5%，交通用电占 0.6%，农业渔业用电占 6.1%。2019 年俄罗斯工业用电占比 45.1%，居民生活用电占比 21.3%，商业服务业用电占比 20.2%，农业渔业用电占比 2.6%，交通用电占比约 10.8%。2019 年主要国家电力消费结构如图 2-13 所示。

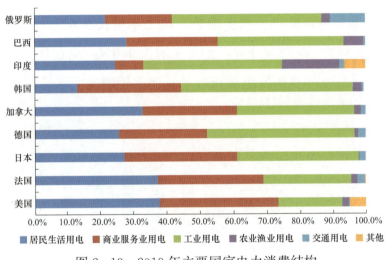

图 2-13 2019 年主要国家电力消费结构

2.2.2 电力生产比较

（一）发电装机容量

2020 年发电装机容量前十名的国家依次为中国、美国、印度、日本、俄罗斯、德国、巴西、加拿大、法国和韩国，总装机容量约为 53.9 亿 kW，约占世界总装机容量的 69.0%。其中，中国和美国的发电装机容量超过 10 亿 kW。2020 年前十名国家的发电装机容量如图 2-14 所示。

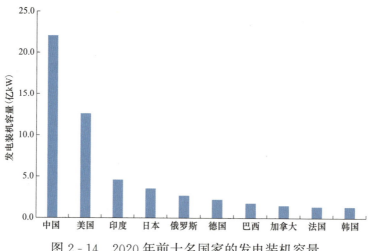

图 2-14   2020 年前十名国家的发电装机容量

2020 年中国发电装机容量稳步增长，比上年增长 9.6%。截至 2020 年底，全国发电装机容量为 22.02 亿 kW，比上年增长 9.6%，增速比上年上升 3.8 个百分点。2010—2020 年全国发电装机容量及比上年增速情况见图 2-15。

图 2-15   2010—2020 年全国发电装机容量及比上年增速情况

近年来，中国鼓励发展节能型、环保型和可持续的清洁发电类型，新能源发电规模持续增长，同时放缓燃煤发电的建设步伐。火电装机增速持续放缓，发电装机结构进一步优化，**非化石能源发电装机容量占比超过 43%**。2020 年，中国非化石能源发电装机容量占全国总装机容量的比重为 43.4%，比 2019 年提高 2.6%；风电、太阳能发电装机容量占全国总装机容量的比重分别为 12.8%、11.5%，较 2019 年分别提高 2.4 和 1.3 个百分点；火电装机容量占全国总装机容量的比重为 56.6%，较 2019 年下降 2.6 个百分点；水电装机容量占全国总装机容量的比重为 16.8%，较 2019 年下降 1.0 个百分点；核电装机容量占全国总装机容量的比重为 2.3%，较 2019 年基本下降 0.1 个百分点。2019、2020 年全国分类型发电装机容量占比情况见图 2-16。

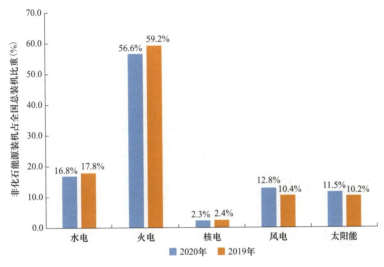

图 2-16 2019、2020 年全国分类型发电装机容量占比情况

美国装机以气电为主。2020 年，美国装机容量约为 12.63 亿 kW，比上年增长 2.5%。其中，气电装机占比 43.7%，煤电装机占比 18.9%，水电和核电占比分别为 8.1% 和 7.6%，风电占比为 9.7%，太阳能占比为 7.6%。2020 年，美国煤电装机容量减少 1023 万 kW，核电装机容量减少 160 万 kW，气电、风电、太阳能发电装机容量分别增加 669 万、1693 万、1951 万 kW。

法国装机以核电为主。2020 年，法国装机容量为 1.38 亿 kW，比上年增加 0.6%。其中，核电装机占比 44.6%，水电装机占比 18.7%，火电装机占比 13.8%，风电装机占比 12.8%，太阳能发电占比 8.5%。2020 年法国煤电装机与上年相比减少 1.9 万 kW，油电减少 1.2 万 kW，风电、太阳能分别增加 112

万、93 万 kW。

印度装机仍以煤电为主。 2020 年，印度装机容量为 4.61 亿 kW，其中煤电占比 56.7%，风电等非水可再生能源占比 19.8%，水电占比 11.1%，气电占比 7.4%，核电占比 1.4%，油电占比 3.6%。

加拿大、巴西装机以水电为主。 2020 年，加拿大发电装机容量约为 1.52 亿 kW，其中，水电占比 53.6%，气电占比 14.5%，风电等非水可再生能源占比 13.5%，核电占比 8.9%，煤电比占 5.6%，油电占比 4.0%。2020 年，巴西发电装机容量约为 1.80 亿 kW，其中，水电装机比重约为 61.0%，火电约占 15.5%，风电等非水可再生能源占比 22.5%，核电占比 1.0%。

（二）发电量

2020 年中国发电量最高，达到 76 264 亿 kW·h[1]。 2020 年年发电量超过 1 万亿 kW·h 的共有 3 个国家，依次为中国、美国、印度。2020 年世界发电量前十名的国家如图 2-17 所示。

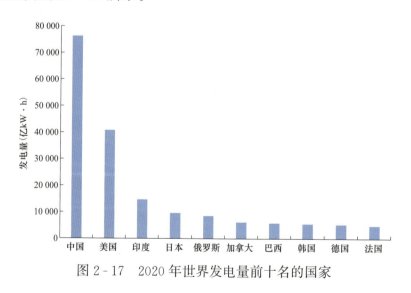

图 2-17　2020 年世界发电量前十名的国家

受电力消费不断增加和清洁能源利用水平持续提高的影响，除火电发电量

---

　❶ 中国数据来自中国电力企业联合会。

增速放缓外，中国其他类型发电量均较快增长。2020 年，中国全口径发电量达到 76 264 亿 kW·h，比上年增长 9.6%，增速比上年增长 4.9 个百分点。其中太阳能发电量和风力发电量增速较大，比 2019 年分别增长 16.6% 和 15.1%。火电发电量占全国发电量比重较 2010 年降低 1.0 个百分点，风电、太阳能发电量占比较 2019 年均有所提高，水电、核电发电量较 2019 年持平。2019、2020 年中国分类型发电量占比情况如图 2-18 所示，中国风电、太阳能合计发电量及占比情况如图 2-19 所示。

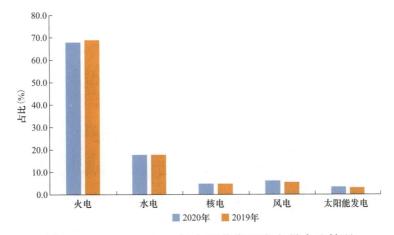

图 2-18　2019、2020 年中国分类型发电量占比情况

图 2-19　2010—2020 年中国风电、太阳能合计发电量及占比情况

美国发电量以火电为主，2020 年发电量[1]约为 4.10 万亿 kW·h，比上年下降 2.3%。其中风电等非水可再生能源发电量为 5960 亿 kW·h，比上年增长 15.2%；水电发电量为 2872 亿 kW·h，比上年下降 13.2%；火电发电量为 24 175 亿 kW·h，比上年下降 6.3%；核电发电量为 7833 亿 kW·h，比上年上升 2.3%。火电、核电、水电、非水可再生能源发电量占总发电量的比例分别为 59.2%、19.2%、7.0%、14.6%。

印度发电量以火电为主，2020 年发电量为 14 727 亿 kW·h，比上年降低 0.9%。其中，火电发电量为 11 456 亿 kW·h，比上年降低 1.3%，占比 77.8%；非水可再生能源发电量为 1374 亿 kW·h，比上年增加 6.3%，占比 9.3%；核电发电量为 396 亿 kW·h，比上年降低 2.6%，占比 2.7%；水电发电量为 1500 亿 kW·h，比上年降低 3.2%，占比 10.2%。

俄罗斯发电量以火电为主，2020 年发电量为 8572 亿 kW·h，比上年降低 3.6%。其中，火电发电量为 4836 亿 kW·h，比上年降低 9.8%，占比 56.4%；核电发电量为 2025 亿 kW·h，比上年增长 3.5%，占比 23.6%；水电发电量为 1668 亿 kW·h，比上年增长 9.0%，占比 19.5%。非水可再生能源发电量为 42 亿 kW·h，占比 0.5%。

日本发电量以火电为主，2020 年发电量约为 9629 亿 kW·h，比上年降低 1.7%。其中风电等非水可再生能源发电量为 1330 亿 kW·h，比上年增长 12.8%，水电发电量为 742 亿 kW·h，比上年降低 2.6%；火电发电量为 7237 亿 kW·h，比上年降低 1.3%。日本火电发电量占比高达 74.1%，水电、非水可再生能源、核电占比分别为 7.7%、13.8%、4.4%。

加拿大发电量以水电为主，2020 年发电量约为 6214 亿 kW·h，比上年增加 1.3%。其中，水电发电量为 3622 亿 kW·h，比上年增长 0.2%，占比 58.3%；非水可再生能源发电量为 518 亿 kW·h，比上年增长 6.6%，占比 8.3%；核电

---

[1] 其他来自 Global Data。

发电量为 950 亿 kW·h，比上年增长 0.1%，占比 15.3%；火电发电量为 1124 亿 kW·h，比上年增加 3.7%，占比 18.1%。

德国发电量以火电为主，2020 年发电量约为 5368 亿 kW·h，比上年下降 5.9%。其中风电等非水可再生能源发电量为 2297 亿 kW·h，比上年增长 5.4%；水电发电量为 150 亿 kW·h，比上年降低 9.4%；火电发电量为 2317 亿 kW·h，比上年降低 12.5%；核电发电量为 604 亿 kW·h，比上年降低 14.9%。德国火电、风电等非水可再生能源、核电、水电发电量占比分别为 43.2%、42.8%、11.3%、2.8%。2019 年世界主要国家发电量构成如图 2-20 所示。

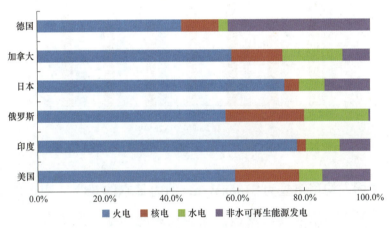

图 2-20　2019 年世界主要国家发电量构成

2.3　主要国家电力发展关键指标比较

2.3.1　人均装机及用电量比较

2019 年中国人均装机 1.44kW，仍不足美国、加拿大等发达国家人均水平的 1/2[1]。2019 年，在世界电力生产大国中，加拿大、美国、德国人均装机最

---

[1]　数据来源：IEA，World Energy Balances，Electricity Information。

高，分别达到 3.98、3.43kW 和 2.79kW；日本、韩国、法国的人均装机也在
2kW 以上，意大利人均装机在 1.9kW 以上。中国人均装机近十年来保持了快
速增长，2009—2019 年间，年均增速为 8％。2019 年中国人均装机 1.44kW，
但仍不及加拿大、美国、德国等发达国家人均水平的一半。2009、2019 年部分
国家人均装机情况如图 2-21 所示。

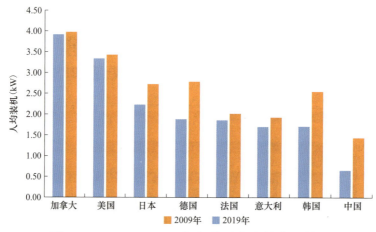

图 2-21　2009、2019 年部分国家人均装机情况

2019 年中国人均用电量为 5186kW·h，约为日本的 65％、美国的 41％、加拿大的 35％，中国人均用电量与发达国家相比差距明显。 2019 年，在世界主要国家中，加拿大人均用电量达 15 018 kW·h，美国人均用电量达 12 744kW·h，日本、法国人均用电量都在 7000kW·h 以上，印度在世界主要国家中人均用电量最低，约 988kW·h。2009、2019 年主要国家人均用电量情况如图 2-22 所示。

2009—2019 年，中国人均用电量年均增速为 7.0％，绝大部分发达国家人均用电量年均增速呈现负增长，中国与发达国家的差距在逐渐缩小。 人均用电量与经济增长和人口增长密切相关。近年来，欧美发达国家经济增长缓慢，电力需求接近饱和，用电量和人均用电量增长乏力或出现负增长。2009—2019 年间，加拿大、美国、日本、意大利、法国、德国人均用电量年均增速均为负增长。俄罗斯、巴西、印度、中国等金砖国家人均用电量增长较快，年均增速分别为 0.7％、1.6％、5.3％和 7.0％。

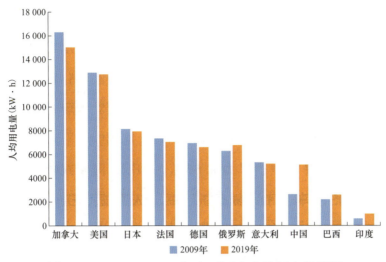

图 2-22　2009、2019 年主要国家人均用电量情况

2.3.2　厂用电率与线损率比较

2019 年世界各国发电厂平均厂用电率为 5.20%❶。印度、俄罗斯厂用电率高于世界平均水平，中国、德国、美国、法国、意大利、日本、加拿大和巴西的厂用电低于世界平均水平。印度厂用电最高，达 7.95%；巴西最低，只有1.22%。2009、2019 年部分国家厂用电率变化情况图 2-23 所示。

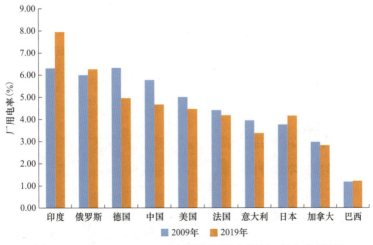

图 2-23　2009、2019 年部分国家厂用电率变化情况

---

❶　数据来源：IEA，Electricity Information。

　　主要国家厂用电率总体呈下降趋势，中国厂用电率降幅最大，厂用电率已接近世界先进水平。2009—2019 年间，印度、俄罗斯、日本、巴西厂用电率有所增加，其他国家均为下降。2009—2019 年间，中国厂用电率下降 1.10 个百分点，降幅最大。2019 年，中国厂用电率为 4.67％，高于美国、法国、意大利、日本、加拿大和巴西，低于印度、俄罗斯、德国。

　　2019 年世界各国平均线损率为 6.55％。OECD 国家线损率为 5.78％，远低于非 OECD 国家 10.84％的线损率。印度、巴西、俄罗斯因国土面积大，资源与负荷分布不均衡，需通过远距离输电，所以线损率较高，2019 年分别为 16.67％、16.87％和 8.83％；德国和日本因国土面积小，电力供应以就地平衡为主，线损相对较低，2018 年分别为 4.52％和 4.33％；2019 年中国线损率为 4.44％。

　　主要国家线损率总体呈下降趋势，中国线损率降幅最大，已接近世界先进水平。2009—2019 年间，世界线损率下降 1.01 个百分点，加拿大、法国、德国线损率有所增加，加拿大十年间增加了 0.91 个百分点，其他国家线损率总体呈下降态势。其中，印度线损率降幅最大，十年间下降 4.64 个百分点；其次为俄罗斯，下降 1.93 个百分点；中国线损率十年间下降 1.64 个百分点。2009、2019 年部分国家线损率变化情况图 2 - 24 所示。

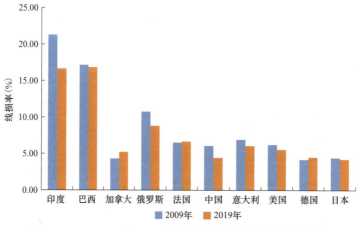

图 2 - 24　2009、2019 年部分国家线损率变化情况

2.3.3　发电能源占一次能源消费比重比较

发电能源占一次能源消费的比重，常常用于衡量一个国家的电气化水平。发电能源占一次能源比重越高，说明一次能源被转化成电能的比例越高。

2019 年世界发电能源占一次能源消费的比重约为 37.6%❶。发展中国家发电能源占一次能源消费的比重与发达国家首次持平。2019 年，OECD 国家和非OECD 国家发电能源占一次能源消费比重均为 38.8%。2009、2019 年世界部分国家发电能源占一次能源消费比重变化情况如图 2-25 所示。

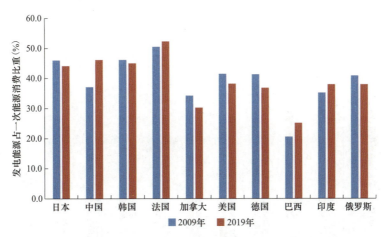

图 2-25　2009、2019 年世界部分国家发电能源占一次能源消费比重变化情况

法国、中国、韩国、日本等发达国家发电能源占一次能源消费比重较高，中国已达到世界先进水平，超过了 45%。2019 年，法国、中国、韩国、日本发电能源占一次能源消费比重都超过了 40%，其中法国高达 52.3%，中国为46.2%，韩国为 45.1%，日本为 44.2%。美国、印度、俄罗斯、德国、加拿大发电能源占比也都超过 30%。巴西发电能源占比最低，为 25.2%，主要是巴西终端能源消费构成中，石油和生物质能分别高达 43% 和 29%，电力仅占 19%，因而其发电能源占一次能源消费比重较低。

---

❶　数据来源：IEA，World Energy Balances。

2.3.4 电能占终端能源消费比重比较

电能占终端能源消费的比重是衡量一个国家终端能源消费结构和电气化程度的重要指标。

2019 年世界电能占终端能源消费比重为 21.5%，比上年提高 0.2 个百分点[1]。其中非 OECD 国家电能占终端能源消费比重比上年提高 0.4 个百分点，OECD 国家电能占终端能源消费比重较 2018 年下降 0.3 个百分点。2019 年，中东、非洲电能占终端能源消费比重分别为 17.8%、10.2%，较世界平均水平分别低 3.7%、11.2%。2009、2019 年主要国家电能占终端能源消费比重变化如图 2-26 所示。

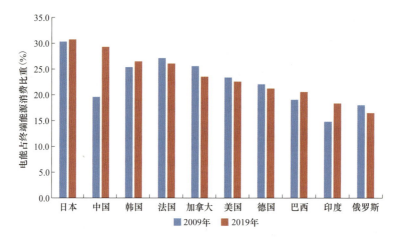

图 2-26　2009、2019 年世界主要国家电能占终端能源消费比重变化

注：终端能源消费中计入了非商品能源。

发达国家电能在终端能源消费结构中的比重总体高于发展中国家。2019 年，发达国家电能在终端能源消费中的比重一般在 20% 以上，其中日本最高，达到 30.7%，韩国、法国分别达到 26.5%、26.1%。发展中国家电能占终端能源消费比重相对较低，巴西、印度、俄罗斯分别为 19.1%、

---

[1]　数据来源：IEA，World Energy Balances。

14.8%、18.0%。

中国电能占终端能源消费的比重增长最快，近十年约增长 9.7 个百分点。 2019 年，中国在发展中国家中电能占终端能源消费比重较高，为 29.3%，高于世界平均水平 7.8 个百分点，已超过部分发达国家水平。2009—2019 年的十年间，中国经济快速增长，工业化、城镇化进程加速推进，带动电力消费增长高于能源消费增长幅度，电能占终端能源消费比重提高了约 9.7 个百分点，明显高于其他国家。

2.4　主要国家电力碳排放关键指标比较

2.4.1　电力碳排放总量

2019 年，世界电力碳排放总量为 140.7 亿 t，比上年下降 0.8%。 根据 IEA 数据统计，2019 年世界电力碳排放总量为 140.7 亿 t，比上年下降 0.8%，增速较 2018 年下降 4.1 个百分点。2000—2019 年世界电力碳排放总量变化情况如图 2-27 所示。

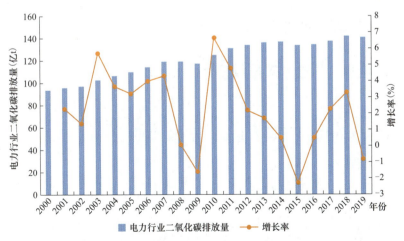

图 2-27　2000—2019 年世界电力碳排放总量变化情况

2019 年，发达国家电力碳排放总量比上年下降，中国电力碳排放总量比上年上升。据 IEA 统计[1]，2019 年 OECD 国家电力碳排放总量为 39.3 亿 t，比上年下降 7.7%。其中，欧盟下降为 9.2 亿 t，比上年下降 11.8%；美国为 17.0 亿 t，比上年下降 7.9%；韩国为 3.2 亿 t，比上年下降 4.7%；日本为 5.1 亿 t，比上年下降 4.1%。2019 年中国电力碳排放总量为 52.4 亿 t，比上年上升 3.3%；俄罗斯为 8.2 亿 t，较上年持平；印度为 11.7 亿 t，比上年下降 2.0%。2000—2019 年世界主要国家（地区）电力碳排放总量如图 2-28 所示。

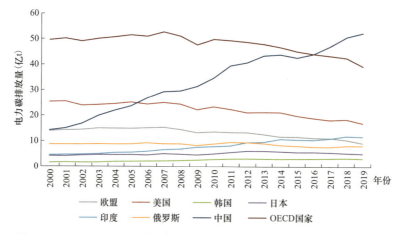

图 2-28 2000—2019 年世界主要国家（地区）电力碳排放总量

2.4.2 电力人均碳排放与碳排放强度

2019 年，世界人均电力碳排放量为 1.84t CO_2/人，比上年下降 1.9%。根据 IEA 数据统计，2019 年世界人均电力碳排放量为 1.84 t CO_2/人，比上年下降 1.9%，增速较 2018 年下降 4.1 个百分点。2000—2019 年世界人均电力碳排放量变化情况如图 2-29 所示。

美国人均电力碳排放是中国的 1.4 倍，中国人均电力碳排放自 2000 年以来翻了近 2.3 倍。2019 年，OECD 国家人均电力碳排放为 2.96t CO_2/人，非 OECD 国家为

---

[1] 数据来源：IEA，World Energy Balances。

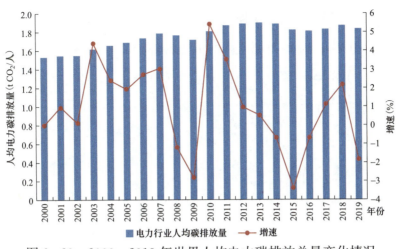

图 2-29　2000—2019 年世界人均电力碳排放总量变化情况

$1.59t\ CO_2/$ 人，OECD 国家的人均电力碳排放是非 OECD 国家的 1.9 倍。2019 年，美国人均电力碳排放 $5.17t\ CO_2/$ 人，美国人均电力碳排放自 2000 年以来保持波动下降趋势，2019 年人均电力碳排放较 2000 年下降了 42.5％。2019 年，中国人均电力碳排放为 $3.75\ t\ CO_2/$ 人，是 2000 年的近 2.3 倍。2019 年，韩国、日本、印度人均电力碳排放分别为 6.13、4.01、$0.86\ t\ CO_2/$ 人，近 20 年呈波动上升趋势，较 2000 年分别上升了 74.6％、20.0％、97.2％。欧盟、俄罗斯人均电力碳排放分别为 1.79、$5.65\ t\ CO_2/$ 人，近 20 年呈波动下降趋势，较 2000 年分别下降了 37.7％、5.3％。2000—2019 年世界主要国家（地区）人均电力 CO_2 排放量如图 2-30 所示。

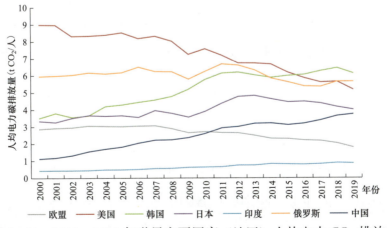

图 2-30　2000—2019 年世界主要国家（地区）人均电力 CO_2 排放量

2019 年，世界电力碳排放强度为 522.3 g CO₂/ （kW·h），比上年下降2.1%。 2019 年世界电力碳排放强度为 522.3 g CO₂/ （kW·h），比上年下降2.1%，增速较 2018 年下降 1.8 个百分点。2000—2019 年世界电力碳排放强度变化情况如图 2-31 所示。

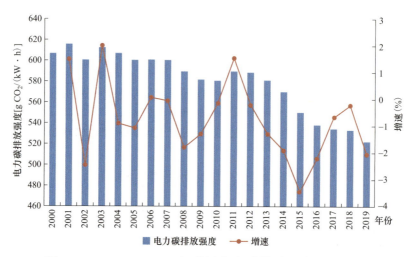

图 2-31　2000—2019 年世界电力碳排放强度变化情况

2019 年中国电力碳排放强度为 701.0g CO₂/ （kW·h），是欧盟的 2.4 倍，自 2000 年以来下降了 33.4%。 2019 年，俄罗斯、印度电力碳排放强度分别为728.8、722.4g CO₂/ （kW·h），是世界平均水平的 1.4 倍；中国电力碳排放强度为 701.0g CO₂/ （kW·h），比上年下降 1.7%，较 2000 年下降了 33.4%；美国、日本、韩国、欧盟电力碳排放强度分别为 388.8、487.4、548.5、287.4g CO₂/ （kW·h），欧盟电力碳排放强度约为世界平均水平的 1/2。2000—2019 年世界主要国家（地区）度电 CO₂ 排放量如图 2-32 所示。

2.4.3　分品种电力排放量

2019 年，世界煤电碳排放总量为 101.8 亿 t，比上年下降 1.4%。 根据 IEA数据统计，2019 年世界煤电碳排放总量为 101.8 亿 t，比上年下降 0.1%，增速较 2018 年下降 2.2 个百分点。2000—2019 年世界煤电碳排放总量变化情况如

图 2 - 33 所示。

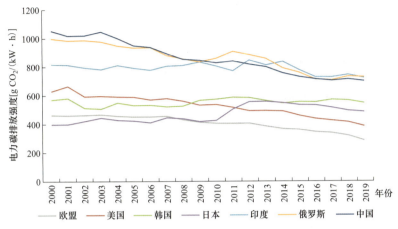

图 2-32 2000－2019 年世界主要国家（地区）度电 CO_2 排放量

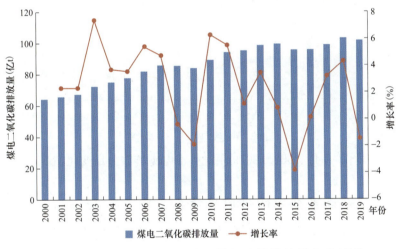

图 2-33 2000－2019 年世界煤电碳排放总量变化情况

2019 年，发达国家煤电碳排放总量比上年下降 15.3%。据 IEA 统计[1]，2019 年 OECD 国家煤电碳排放总量为 20.6 亿 t，比上年下降 15.3%。其中，美国为 7.9 亿 t，比上年下降 20.3%；韩国为 2.3 亿 t，比上年下降 6.9%；日本为 2.8 亿 t，比上年下降 6.7%；德国为 1.5 亿 t，比上年下降 16.4%；加拿

---

[1] 数据来源：IEA，World Energy Balances。

大电力消费量为 0.30 亿 t，比上年下降 27.1%；法国为 0.09 亿 t，比上年下降 17.0%；意大利为 0.15 亿 t，比上年下降 32.3%；英国为 0.10 亿 t，比上年下降 13.3%。

2019 年，世界油电碳排放总量为 6.2 亿 t，比上年下降 4.5%。 根据 IEA 数据统计[1]，2019 年世界油电碳排放总量为 6.2 亿 t，比上年下降 4.5%，增速较 2018 年增长 2.0 个百分点。2000—2019 年世界油电碳排放总量变化情况如图 2-34 所示。

图 2-34　2000—2019 年世界油电碳排放总量变化情况

2019 年，发达国家油电碳排放总量比上年下降 15.3%。 据 IEA 统计[2]，2019 年 OECD 国家油电碳排放总量为 14 285.1 万 t，比上年下降 2.7%。其中，美国为 2556.8 万 t，比上年下降 1.1%；韩国为 2.3 亿 t，比上年下降 6.9%；日本为 3778.2 万 t，比上年下降 29.7%；德国为 321.6 万 t，比上年下降 2.7%；加拿大电力消费量为 547.2 万 t，比上年下降 8.0%；法国为 345.2 万 t，比上年下降 10.6%；意大利为 1064.6 万 t，比上年下降 2.8%；英国为 83.2 万 t，比上年下降 34.6%。

---

❶ 来源：IEA，World Energy Balances。

❷ 来源：IEA，World Energy Balances。

2019 年，世界气电碳排放总量为 31.2 亿 t，比上年增长 2.3%。根据 IEA 数据统计[1]，2019 年世界气电碳排放总量为 31.2 亿 t，比上年增长 2.3%，增速较 2018 年上升 0.1 个百分点。2000—2019 年世界气电碳排放总量变化情况如图 2-35 所示。

图 2-35   2000—2019 年世界气电碳排放总量变化情况

2019 年，发达国家气电碳排放总量比上年增长 1.7%。据 IEA 统计[2]，2019 年 OECD 国家气电碳排放总量为 13.7 亿 t，比上年增长 1.7%。其中，美国为 6.7 亿 t，比上年增长 2.0%；韩国为 6007.8 万 t，比上年增长 2.6%；日本为 1.5 亿 t，比上年增长 0.9%；德国为 4566.7 万 t，比上年增长 5.5%；加拿大电力消费量为 547.2 万 t，比上年下降 8.0%；法国为 345.2 万 t，比上年下降 10.6%；意大利为 3837.2 万 t，比上年增长 3.4%；英国为 4808.0 万 t，比上年下降 11.2%。

2.5   小结

(1) 世界电力消费量增速下滑，比上年增长 1.1%，发达国家电力消费量

---

❶ 来源：IEA，World Energy Balances。

❷ 来源：IEA，World Energy Balances。

比上年下降 **2.6%**，世界电力消费结构仍以工业用电为主。

2020 年，世界电力消费量为 22.7 万亿 kW·h，比上年下降 1.1%，增速较 2019 年下降 2.7 个百分点。其中，OECD 国家电力消费量为 10.3 万亿 kW·h，比上年下降 2.6%。分行业看，世界电力消费仍以工业用电为主，约占总用电量的 48.0%；其次为居民生活用电，约占 20.2%；商业服务业用电占 17.2%；交通用电占 1.7%；其他（包括农业、农林、渔业等）占 12.9%。

(2) 2020 年世界发电装机比上年增长 4.5%，发电量小幅下降（0.8%），风光发电装机持续增长，非水可再生能源发电量比重上升，电源和电力消费结构进一步向低碳方向发展。

2020 年，世界风电装机容量新增 1.1 亿 kW，累计 7.3 亿 kW；世界太阳能光伏发电装机容量新增 1.3 亿 kW，累计 7.1 亿 kW。2020 年，世界火电装机占比 56.8%，比 2019 年下降了 1.5 个百分点，非水可再生能源装机占比 21.2%，比 2019 年上升了 4.0 个百分点。

2020 年世界发电量约为 25.5 万亿 kW·h，比上年降低 0.8%，世界太阳能、风能、地热、生物质和其他非水可再生能源的发电量为 31 469 亿 kW·h，较 2019 年增长 3361 亿 kW·h，比上年增长 12.0%。火电、水电、核电、非水可再生能源发电量分别占总发电量的 61.3%、16.5%、9.9% 和 12.3%，火电、水电发电量比重分别下降 1.4、0.4 个百分点，非水可再生发电量比重上升 1.8 个百分点。

(3) 2020 年风光发电项目单位千瓦造价和度电成本持续稳步下降，较 2020 年风电度电成本下降 56%，光伏发电下降 85%，降幅最大。

世界非化石能源发电项目中，光伏项目 2020 年单位千瓦造价继续下降，是单位千瓦造价最低的品种，降到 883 美元/kW，度电成本为 0.057 美元/（kW·h），比 2010 年 [0.381 美元/（kW·h）] 下降了 85%。陆上风电项目、海上风电项目单位千瓦造价分别为 1355 美元/kW 和 3285 美元/kW，度电成本分别是 0.039、0.084 美元/（kW·h）。生物质项目和地热项目单位千瓦造价出现波动上升，生物质项目单位千瓦造价为 2543 美元/kW。地热项目单位千瓦造价为 4468 美元/kW。2010—2020 年间，单位千瓦造价降幅最大的是光伏发电项目，2010 年到 2020 年的 10 年间下降了 81%。

（4）近十年，中国人均装机和人均用电量保持较快增长，但人均装机仍不足发达国家人均水平的 1/2，人均发电量与发达国家差距在逐渐缩小。

2019 年中国人均装机 1.44kW，仍不足美国、加拿大等发达国家人均水平的 1/2，中国人均用电量为 5186kW·h，约为日本的 65%、美国的 41%、加拿大的 35%，中国人均用电量与发达国家相比差距明显。2009—2019 年，中国人均用电量年均增速为 7.0%，绝大部分发达国家人均用电量年均增速呈现负增长，中国与发达国家的差距在逐渐缩小。

（5）主要国家厂用电率和线损率呈下降趋势，中国降幅最大，已接近国际先进水平。

主要国家厂用电率总体呈下降趋势，中国厂用电率降幅最大，2019 年，中国厂用电率为 4.67%，高于美国、法国、意大利、日本、加拿大和巴西，低于印度、俄罗斯、德国。2009—2019 年间，世界线损率下降 1.01 个百分点，加拿大、法国、德国线损率有所增加，加拿大十年间增加了 0.91 个百分点，其他国家线损率总体呈下降态势。中国线损率十年间下降 1.64 个百分点。

（6）2019 年，世界发电能源占一次能源消费的比重保持增长，约为 37.6%，法国、中国、韩国、日本等发达国家发电能源占一次能源消费比重较高，属于电气化水平较高的国家，中国近十年增长 9.1%，超过了 45%，已达到世界先进水平。

2019 年世界发电能源占一次能源消费的比重约为 37.6%，OECD 国家和非 OECD 国家发电能源占一次能源消费比重约均为 38.8%。2019 年，法国、中国、韩国、日本发电能源占一次能源消费比重都超过了 40%，美国、印度、俄罗斯、德国、加拿大发电能源占比也都超过 30%。巴西发电能源占比最低，为 25.2%。

（7）2019 年，发达国家电力碳排放总量比上年下降，中国电力碳排放总量高于其他国家，排放总量仍呈上升趋势。OECD 国家的人均电力碳排放是非 OECD 国家的 1.9 倍，中国人均电力碳排放自 2000 年以来翻了近 2.3 倍。

2019 年，世界人均电力碳排放量为 1.84t CO_2/人，比上年下降 1.9%。2019 年，OECD 国家人均电力碳排放为 2.96t CO_2/人，非 OECD 国家为 1.59t CO_2/人，OECD 国家的人均电力碳排放是非 OECD 国家的 1.9 倍。2019 年，美国人均电力碳排放 5.17t CO_2/人，美国人均电力碳排放自 2000 年以来保持波动下降趋势，2019 年人均电力碳排放较 2000 年下降了 42.5%。2019 年，中国人均电力碳排放 3.75t CO_2/人，是 2000 年的近 2.3 倍。

（8）随着电力低碳转型发展，2019 年世界电力碳排放强度 522.3g CO_2/（kW·h），比上年下降 2.1%。欧盟清洁能源电力装机占比较高，其电力碳排放强度约为世界平均水平的二分之一，中国电力碳排放强度为是欧盟的 2.4 倍，自 2000 年以来下降了 33.4%。

2019 年，世界电力碳排放强度为 522.3g CO_2/（kW·h），比上年下降 2.1%。2019 年中国电力碳排放强度为 701.0g CO_2/（kW·h），是欧盟的 2.4 倍，自 2000 年以来下降了 33.4%。2019 年，俄罗斯、印度电力碳排放强度分别为 728.8、722.4g CO_2/（kW·h），是世界平均水平 1.4 倍；中国电力碳排放强度为 701.0g CO_2/（kW·h），比上年下降 1.7%，较 2000 年下降了 33.4%；美国、日本、韩国、欧盟电力碳排放强度分别为 388.8、487.4、548.5、287.4g CO_2/（kW·h），欧盟电力碳排放强度约为世界平均水平的 1/2。

3

2020 年国内外能源转型政策实践分析

国际社会对气候环境问题日益关注，越来越多国家和地区加强减排力度，纷纷提出碳中和目标愿景。继 2020 年 3 月 4 日欧盟首次将碳中和纳入《欧洲气候法》草案立法以来，中、日、韩三国也分别在 2020 年 9 月 22 日、10 月 26 日、10 月 28 日确定了碳中和目标。根据能源和气候信息小组（Energy & Climate Intelligence Unit）统计，目前已有欧盟及 27 个国家和地区实现或者明确提出碳中和，另有 100 多个国家和地区也在讨论碳中和目标。

在此背景下，各国能源低碳转型政策也随之升级，成为实现碳中和目标愿景的重要抓手，并呈现几个主要特征：

一是由于能源与气候之间的强关联，减排目标推动能源低碳转型步伐加快，可再生能源和能效等的阶段性目标也不断提升。 在欧盟 2021 年 6 月立法确定将 2030 年减排目标上调 15％后，7 月又通过了落实 2030 年减排目标的一揽子提案，其中包括将 2030 年可再生能源供应占比由原目标的 32％提高到 40％，意味着届时有超过 64％的电力来自可再生能源。

二是随着碳达峰、碳中和等时点临近，能源低碳转型的路线图更加清晰，财税等配套政策措施也不断细化完善。 根据彭博新能源财经（BNEF）2021 年 2 月发布的《G20 国家零碳政策评估报告》，综合评估 G20 国家在电力、化石燃料脱碳、交通、建筑、工业、循环经济等领域的相关政策，德国、法国、韩国、英国、日本等国已采取了全面有力的政策措施，除电力之外，已着手推动交通减排和循环经济。

三是关注实现低成本的能源低碳转型，特别是重视碳排放交易市场的建设和完善，充分发挥市场调节作用。 作为欧盟碳交易体系中的主要成员，德国 2021 年启动国家碳排放交易系统，将欧盟碳交易体系之外的供热和交通等领域也纳入本国碳市场，并计划通过逐年提高碳交易限价的方式降低电力成本，鼓励低碳技术的应用。中国经过 8 年试点和 4 年准备工作，于 2021 年 7 月正式开启全国碳排放权交易，超越欧盟成为全球规模最大的碳市场。

本章以各国气候目标承诺为基本出发点，结合各国能源低碳转型的特征，跟踪分析主要国家能源低碳转型政策的进展和实践，并根据需要，对一些典型国家和地区的能源转型政策脉络进行梳理。

3.1   主要国家（地区）能源转型战略目标

3.1.1   欧盟

作为全球发达经济体的代表，欧盟一直是全球碳减排运动的坚定倡导者和重要推动力量，在欧洲国家协同减排方面做出了重大贡献。从欧盟历年来的能源气候目标变化中，也能看出欧盟为实现碳减排做出的努力。欧盟主要能源政策目标如图 3-1 所示。

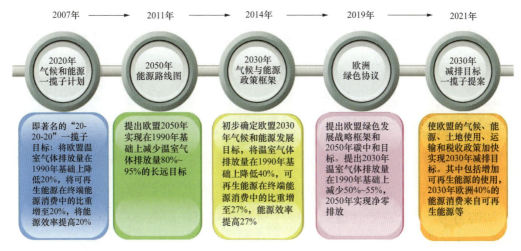

图 3-1   欧盟主要能源政策目标

2007 年 3 月，欧洲理事会提出《2020 年气候和能源一揽子计划》，确定欧盟 2020 年气候和能源发展目标，即著名的 "20-20-20" 一揽子目标：将欧盟温室气体排放量在 1990 年基础上降低 20％，将可再生能源在终端能源消费中的比重增至 20％，将能源效率提高 20％。

2011 年，欧盟公布《2050 年能源路线图》和《2050 年迈向具有竞争力的低碳经济路线图》，提出欧盟 2050 年实现在 1990 年基础上减少温室气体排放量 80％～95％的长远目标。

2014 年 10 月，欧洲理事会通过《2030 年气候与能源政策框架》，初步确定欧盟 2030 年气候和能源发展目标，将温室气体排放量在 1990 年基础上降低 40％，可再生能源在终端能源消费中的比重增至 27％，能源效率提高 27％。2018 年 6 月，欧盟又达成协议，将 2030 年可再生能源比重增至 32％、能效提高 32.5％。

2019 年 12 月，欧盟委员会正式发布《欧洲绿色协议》（简称"绿色新政"），提出欧盟绿色发展战略框架和 2050 年碳中和目标。绿色新政强调能源部门低成本脱碳，打造以可再生能源为主的电力系统，同时采取提高能效、发展循环经济等措施，以低成本实现碳中和目标。绿色新政提高了欧盟 2030 年和 2050 年气候目标，即 2030 年温室气体排放量在 1990 年基础上减少 50％～55％，2050 年实现净零排放的碳中和目标。2020 年 3 月，欧盟委员会公布《欧洲气候法》草案，决定以立法的形式明确到 2050 年实现碳中和目标。

过去一年，欧盟围绕绿色新政提出的绿色发展战略和 2050 年碳中和目标，进一步细化到 2030 年减排的目标举措，提出涵盖碳排放交易、可再生能源发展、能效提升等的一系列税收和防止碳泄漏相关措施、增加天然碳汇等多方面政策，致力于欧洲到 2050 年成为世界上第一个碳中和的大陆。

2020 年 12 月，欧盟就最新减排计划达成共识，同意 2030 年时欧盟温室气体排放要比 1990 年降低至少 55％。2021 年 6 月 28 日，欧盟最终通过了《欧洲气候法》，通过立法将欧盟的碳排放目标设定为 2030 年减少到 1990 年水平的 55％，服务于 2050 年碳中和目标的实现。

2021 年 7 月 14 日，欧盟委员会通过落实《2030 年减排目标一揽子提案》。该提案使欧盟的气候、能源、土地使用、运输和税收政策加快实现 2030 年减排目标。其中包括：将排放交易应用于新的部门和收紧现有的欧盟排放交易体系（ETS）；增加可再生能源的使用，**2030 年欧洲 40％的能源消费来自可再生能**

源；更高的能源效率，要求欧盟成员国将年度节能义务提高一倍，每年对 3％ 的公共建筑进行节能改造等；2035 年起所有新购车零排放等。

（一）德国

德国在能源转型和发展低碳经济方面一直走在欧盟乃至世界前列。不仅带动欧盟整体经济向高能效、低排放的方向转型，也在全球能源低碳转型中发挥了阶段性引领作用。德国政府在大力倡导可再生能源发展的同时，也定下了弃核去煤的基调，并出台一系列政策以提高能效、带动德国工业数字化转型，确定低碳化、智能化的能源转型方向。

过去一年，德国政府秉承绿色能源转型的一贯政策，通过立法不断提高减排目标，将实现碳中和的时间提前，同时，也在具体的实现路径中明确了能源低碳转型的目标和方向。

2021 年 5 月 6 日，德国总理默克尔在第十二届彼得斯堡气候对话视频会议开幕式上宣布：**德国实现净零碳排放即"碳中和"的时间，将从 2050 年提前到 2045 年，德国将提高 2030 减排目标，2030 年温室气体排放较 1990 年减少 65％，高于欧盟减排 55％的目标。**此前，德国于 2019 年 11 月通过了《德国联邦气候保护法》，计划到 2030 年实现温室气体排放总量较 1990 年至少减少 55％，到 2050 年实现碳中和。

2021 年 5 月 12 日，通过《德国联邦气候保护法》修订法案，核心内容包括 2045 年实现碳中和、碳中和的实现路径、计划 2030 年温室气体排放较 1990 年减少 65％的约束条件等。到 2030 年，绝大部分的额外减排量将由能源和工业部门承担。此外，在所有其他领域中，可再生能源将替代化石燃料，成为减排的关键。

（二）法国

法国一直秉承着积极的减排政策，是最早对碳中和立法的欧盟成员国。 2019 年 9 月，法国国会通过《能源与气候法案》，明确 2050 年实现碳中和的目标。实际上，法国政府早于 2019 年修订《国家低碳战略》时，就将 2050 年温室气体排放减量目标，从原来比 1990 年减少 75％，调整为"碳中和"。《能源与气候法案》同时明确大力发展可再生能源，到 2035 年将核电占比从 75％降至 50％，2022 年前淘汰煤电。

2020 年 4 月，法国向欧盟委员会正式提交《2030 年国家能源与气候计划》（NECP）。该计划概述了法国能源转型的目标和具体措施，特别提到实施的关键是要充分挖掘法国风能的潜力。目标是到 2030 年能源结构中可再生能源占比为 33％，可再生能源发电占比为 40％，其中一半是风能。

2020 年 4 月，法国政府颁发《多年度能源计划》（PPE），提出实现 2050 年碳中和的分阶段具体目标。该战略目标是终端能源消费 2023、2028 年较 2012 年分别下降 7％、14％，2023 年可再生能源装机为 74 GW，2028 年为 113 GW。同时减少化石能源的消耗，到 2022 年关闭燃煤电厂，到 2035 年将核电减少到 50％。

（三）其他欧洲国家能源气候目标

除了欧盟的努力外，基于对气候变化问题的共识，许多欧洲国家都已行动起来。芬兰政府承诺最早在 2035 年实现碳中和，瑞典承诺 2045 年将温室气体排放缩减为零，挪威政府设定到 2030 年实现碳中和目标，冰岛提出到 2050 年完全摆脱对化石能源的依赖等。

3.1.2 英国

英国政府一直高度重视碳减排，是最早对"碳中和"进行立法的国家。 同时，英国也是对《巴黎协定》响应最积极的国家之一，其于 2020 年底宣布的国家自主贡献（NDC）目标，将 2030 年的排放量限定到比 1990 年减少 68％的水平，同月还发布规划 2050 年净零排放路线图的能源白皮书。这些都显示出英国政府的减排决心和诉求，也对能源政策产生重要影响。

过去一年，英国保持了对减排的高度重视，在国家自主贡献目标更新力度和碳中和实施路径方面，都走在发达国家前列。同时，在能源低碳转型方面发挥了积极的表率作用，不断出台政策提高可再生能源发展目标，加大低碳技术创新方面的投资建设。

2020 年 10 月，英国政府宣布将 2030 年海上风电发展目标从 3000 万 kW 提升到 4000 万 kW。

2020 年 11 月，英国颁布《绿色工业革命十点计划：更好地重建、支持绿色工业并加速实现净零排放》，其中能源相关政策包括：①到 2030 年将海上风力发电量翻两番，达到 40GW，足以为每个英国家庭提供电力；②推动氢气生产，在 2030 年前建成一个完全由氢气供能的城镇；③推动航空零碳排放和海运的绿色能源；④10 亿英镑用于现有的绿色住宅和公共部门脱碳计划，为住宅和公共建筑进行节能保温改造，2028 年前安装 60 万台热泵；⑤额外投资 2 亿英镑用于碳捕获计划，2030 年实现每年捕获 1000 万 t。

2020 年 12 月 4 日，英国首相约翰逊宣布新的国家自主贡献（NDC）目标，到 2030 年英国的排放量比 1990 年的水平至少减少 68％，比此前承诺的 53％减排量大幅度提高。

2020 年 12 月，英国政府发布能源白皮书"Powering our Net Zero Future"，为 2050 年实现净零排放设定路线图。白皮书提出：①到 2030 年新建 40GW 的海上风电，2024 年淘汰煤电；②在 2030 年之前建立四个碳捕获集群；③在 2021 年上半年与石油和天然气行业达成协议，将现有基础设施重新用于碳捕集存储（Carbon Capture Storage，CCS）、制氢和海上风电等；④承诺给储能以法律确认的位置，确保电力系统的灵活性；⑤创建世界领先的能源系统数字基础设施；⑥政府将确保消费者在选择能源服务和产品时，能获得更透明、更准确的碳强度信息等。

3.1.3 美国

过去一年，美国迎来新一届政府，也经历了有史以来最大的能源气候政策调整，重新回归《巴黎协定》，明确做出 2050 年零碳排放的承诺，同时也出台一系列政策，加大了可再生能源发展的政策支持力度。

随着拜登政府上台，美国能源气候变化政策发生了一系列重大变化。在竞选初期，拜登团队就提出美国在 2050 年前实现 100％清洁能源和净零排放的目标，并且在未来 10 年联邦政府将投资 1.7 万亿美元作为支持。2020 年 7 月，拜登团队又发布新的气候计划——《建设现代化的、可持续的基础设施与公平清洁能源未来计划》，提出到 2035 年实现电力行业零碳排放，将投资计划增加至 2 万亿美元。该计划奠定了拜登上任后的气候行动雏形，拜登政府也被外界公认可能是美国历史上最重视气候行动的一届政府，与退出《巴黎协定》的上一届政府形成鲜明反差，但也暴露出美国能源低碳转型政策的不稳定性。

2021 年 1 月 20 日，拜登就职当天就宣布重返《巴黎协定》。当天，拜登还签署了"关于保护公众健康和环境以及恢复以科学应对气候危机"的行政命令，其中包括设立标准，减少石油和天然气部门的甲烷排放，同时提升燃油效率和建筑效率等。

2021 年 1 月 27 日，拜登签署了《关于应对国内外气候危机的行政命令》，将应对气候变化上升为"国策"。具体包括：①成立白宫国内气候政策办公室，将气候危机置于美国外交政策与国家安全的中心；②推动 2035 年前电力部门实现零碳排放、将各级政府用车置换为清洁和零排放车辆；③在公共土地和近海水域增加可再生能源，到 2030 年美国海上风电增加一倍；④加快清洁能源和输电项目的部署等。

2021 年 4 月 21 日，全球气候峰会上，拜登承诺，到 2030 年将美国的温室气体排放量较 2005 年减少 50％～52％；到 2035 年，建立 100％零碳电力；到 2050 年最终实现全社会净零排放目标。 重点举措方面，包括大力推动弹性电网、高速公路充电站等关键基础设施建设，加大碳捕集、利用与封存（CCUS）和绿氢在内的清洁能源技术应用等。

3.1.4　中国

中国政府历来高度重视能源转型和变革。2014 年 6 月，中共中央总书记、国家主席、中央军委主席习近平主持召开中央财经领导小组第六次会议，就鲜明提出"四个革命、一个合作"能源安全新战略。2017 年 10 月，习近平在党的十九大再次强调推进能源生产和消费革命，构建清洁低碳、安全高效的能源体系。这些都为中国碳达峰、碳中和目标愿景的提出奠定了基调，也为后续政策的制定指明了方向，提供了根本遵循。

过去一年，中国政府继续秉承绿色发展理念，坚定不移地推动能源革命向纵深发展，提出碳达峰、碳中和目标愿景，明确构建以新能源为主体的新型电力系统，形成社会各界关于能源低碳转型的广泛共识。各级政府、部门和企事业单位积极出台和响应有关政策，编制行业和企业的碳达峰、碳中和目标和行动方案。

2020 年 9 月 22 日，习近平在第七十五届联合国大会一般性辩论上宣布：中国将提高国家自主贡献力度，采取更加有力的政策和措施，二氧化碳排放力争于 2030 年前达到峰值，努力争取 2060 年前实现碳中和。

2020 年 12 月 12 日，习近平在气候雄心峰会上通过视频发表题为《继往开来，开启全球应对气候变化新征程》的重要讲话，宣布中国国家自主贡献一系列新举措。提出到 2030 年，中国单位国内生产总值二氧化碳排放将比 2005 年下降 65％以上，非化石能源占一次能源消费比重将达到 25％左右，风电、太阳能发电总装机容量将达到 12 亿 kW 以上等。

2021 年 1 月，生态环境部印发《关于统筹和加强应对气候变化与生态环境保护相关工作的指导意见》，提出推动将应对气候变化要求融入国民经济和社会发展规划，以及能源、产业、基础设施等重点领域规划。鼓励能源、工业、交通、建筑等重点领域制定达峰专项方案。推动钢铁、建材、有色、化工、石化、电力、煤炭等重点行业提出明确的达峰目标，并制定达峰行动方案。

2021 年 3 月 15 日，中央财经委员会第九次会议召开，明确实现碳达峰、碳中和的主要举措。会议提出控制化石能源总量，着力提高利用效能，实施可再生能源替代行动，构建以新能源为主体的新型电力系统；完善绿色低碳政策和市场体系，完善能源"双控"制度，完善有利于绿色低碳发展的财税、价格、金融、土地、政府采购等政策，加快推进碳排放权交易，积极发展绿色金融。

2021 年 4 月 22 日，应美国总统拜登邀请，习近平在北京以视频方式出席领导人气候峰会，并发表题为《共同构建人与自然生命共同体》的重要讲话。习近平指出，中国将碳达峰、碳中和纳入生态文明建设整体布局，正在制定碳达峰行动计划，广泛深入开展碳达峰行动，支持有条件的地方和重点行业、重点企业率先达峰。同时，决定接受《〈蒙特利尔议定书〉基加利修正案》，加强非二氧化碳温室气体管控，启动全国碳市场上线交易。

3.1.5　日本

日本政府在福岛核事故之后高度重视能源环境问题，积极推动可再生能源尤其是氢能的发展。 日本能源转型以氢能规模化利用为显著特色和重要抓手，将氢能与电力、热能并列定位为核心二次能源，提出建设"氢能社会"的愿景，实现氢能在家庭、工业、交通甚至全社会领域的应用。

过去一年，日本政府做出了 2050 年碳中和目标承诺，奠定了日本政府未来能源低碳转型的方向和政策格局。随后发布的"绿色增长战略"进一步明确了能源电力转型目标，强调了电力减排和终端电气化的重要作用。

2020 年 10 月 26 日，日本首相菅义伟在就职后的首场演说上宣布以脱碳社会为目标，到 2050 年日本国内温室气体排放将达到"实质上为零"，通过政策宣示方式提出 2050 年碳中和目标。

2020 年 12 月 25 日，日本政府发布"绿色增长战略"，首次书面确认了 2050 年温室气体净零排放的目标。在"绿色增长战略"中，能源行业又进一步

分为电力领域与非电领域（包含工业、交通、建筑等）。**强调电力是减碳脱碳
"重中之重"，明确采取"供应侧清洁发电＋消费侧深度电气化"的组合策略。**
要求 2030 年二氧化碳排放控制目标分别比 2018 年下降 20％和 6.6％，电力行
业减碳贡献预计达到 70％左右。

3.1.6　韩国

　　韩国是亚洲碳减排最积极的国家之一，考虑其前期排放水平较高，减排目
标和政策力度比肩欧盟等发达国家，很早就提出自主减排目标。韩国政府 2009
年就提出，到 2020 年，温室气体排放量在 2005 年排放水平上减少 4％，以此
作为韩国中期减排目标。当时的《京都议定书》仅规定欧盟等 37 个工业国家负
有强制减排义务，而韩国并不在列，属自主自愿承担减排义务。同时，韩国政
府提出了"低碳绿色增长"的经济振兴战略，依靠发展绿色环保技术和新型可
再生能源，以绿色发展方式应对当时的世界金融危机。

　　**过去一年，韩国政府继续秉承一贯的减排主张，不仅做出了 2050 年碳中和
承诺，还通过绿色新政和碳中和实施计划等，提出一系列措施，助力能源气候
目标的实现。**

　　2020 年 7 月，韩国政府公布绿色新政，涉及约合 609 亿美元的投资，促进
经济由碳依赖转变为低碳型。包括：①到 2025 年，可再生能源容量从 2019 年
的 12.7GW 提高到 42.7GW，在 22.5 万座公共建筑中安装太阳能电池板；
②2025 年拥有 113 万辆电动汽车和 20 万辆氢动力燃料电池电动汽车；建设 4.5
万个电动汽车充电站，以及约 450 个氢燃料补给装置；③对微电网社区进行投
资，在区域和拥有许多岛屿的地区使用可再生能源和储能系统等。

　　2020 年 10 月，韩国总统文在寅宣布力争到 2050 年实现碳中和。紧接着，
韩国政府于 2020 年 12 月公布了"碳中和推进战略"，促进经济结构向低碳化转
型、构建新兴低碳产业生态圈、以公平公正的方式向低碳社会转型和加强碳中
和相关制度建设。

2021 年 3 月，韩国环境部发布了"2021 年碳中和实施计划"，明确了中央政府有关部门在本年度应该完成的主要事项，如国土交通部要制定 2050 年实现车辆 100％无公害化的相关计划；产业通商资源部要制定氢能经济基本规划；金融委员会要制定金融界绿色投资指南等。

2021 年 8 月 31 日，韩国议会通过了《碳中和与绿色增长基本法》，正式通过立法程序将 2050 年碳中和定为国家目标，自此韩国成为全球第 14 个将 2050 年碳中和愿景及实施体系纳入法律的国家。该法案规定了实现碳中和目标所需的实施体系，包括制定国家战略、制定基本计划以及审查执行情况等。法案提出韩国到 2030 年要将温室气体排放量减少 35％以上，并成立 2050 年碳中和绿色增长委员会和设立气候应对基金，还提出了温室气体减排、气候危机应对、公正过渡、绿色增长四个方面的政策措施。

3.1.7　其他

2020 年 12 月 2 日，新西兰议会通过议案，宣布国家进入气候紧急状态，承诺 2025 年公共部门将实现碳中和，2050 年全国整体实现碳中和。根据这项法律，新西兰设立国家气候变化委员会，确保 2050 年前使新西兰实现净零排放。

2020 年 11 月，俄罗斯总统普京签署了一项减排法令，旨在到 2030 年将俄罗斯的温室气体排放量较 1990 年水平减少 70％。2021 年 5 月，俄罗斯首部气候方案通过初审，引入了碳交易、碳抵消、排放情况披露、污染者问责机制等，最早将于 2022 年开始生效。俄罗斯 2021 年 11 月 1 日批准了《俄罗斯到 2050 年前实现温室气体抵排放的社会经济发展战略》，计划到 2060 年之前实现碳中和。

3.2　国内外能源转型政策部署

为实现能源气候目标，各国采取了很多积极举措，重点可归为三个方面。

一是促进可再生能源发展，包括提升发电侧可再生能源发电比例和提升终端电气化水平；二是提高能效，降低终端能源消耗；三是积极推进碳市场，推动实现低成本的低碳能源转型。

3.2.1 促进可再生能源发展

（一）欧盟

欧盟促进可再生能源发展的措施主要包括能源供给和能源消费两个方面，一是在能源供给侧增加可再生能源发电占比；二是在能源消费侧通过热泵、电动汽车、熔炉等方式增加建筑、交通、工业中使用可再生电力的比例。

早在 2006 年，欧盟委员会就制定了《欧盟能源战略绿皮书》；2007 年，"20-20-20"目标明确到 2020 年可再生能源在终端能源消费中的比重增至 20%；2011 年，《国家可再生能源行动计划》成为确保欧盟低碳能源领域投资稳定性的重要工具；2014 年，欧盟《2030 年气候与能源政策框架》将可再生能源在终端能源消费中的比重增至 27%，2018 年又协议增至 32%。

2019 年 12 月《欧洲绿色协议》发布以来，欧盟的可再生能源目标和政策加快更新迭代，2021 年 7 月发布《2030 年减排目标一揽子提案》，更是涵盖了一系列影响深远的可再生能源政策措施。

欧盟《2030 年减排目标一揽子提案》进一步提高了可再生能源发展目标，提出 2030 年在欧盟能源结构中的占比由 32% 提高到 40%。各成员国根据国情制定其国家可再生能源行动计划和支持政策，重点仍集中在发电行业，并逐步向建筑、工业、交通等部门延伸。

同时，欧盟《2030 年减排目标一揽子提案》对欧盟成员国的终端能源消费提出具体要求，包括在供热和制冷领域用能中可再生能源的占比年增长 1.1%，在集中供热制冷领域年增长 2.1%，在工业部门年增长 1.1%，在建筑用能中的占比至少达到 49% 等。同时，欧盟重视氢能尤其是绿氢的发展，通过绿氢及其合成燃料等促进供热、交通和工业深度脱碳，欧盟及其成员国德国、法国、葡萄牙、意大利等均制定了国家氢能战略，加快绿色低碳技术在能源消费终端的全面应用。

1. 德国

德国通过《可再生能源法》（EEG）构建了一套完整的促进可再生能源健康发展的法规体系。以《可再生能源法》修订为标志，德国可再生能源政策进行了一系列重要调整❶。2020年12月，德国联邦议会通过了最新的《可再生能源法》（EEG2021），提出到2030年，可再生能源占能源供应总量的占比由原目标50%提高到65%。同时，德国政府制定并实施了严格的弃核和退煤计划，分别于2022年和2038年前完成，为可再生能源发展提供空间。

此外，德国政府高度重视绿氢发展，发布《国家氢能战略》《德国氢能源行动计划2021—2025》等，提出到2030年具备5GW的绿氢生产能力。同时，德国政府将提供80亿欧元资助62个大型氢能项目。其中，包括全长约1700km的氢气管道项目，以及2GW以上的电解槽用于生产绿色氢气。

2. 法国

一方面，降低核电占比，积极发展可再生能源。《能源与气候法案》和《多年度能源计划》均明确提出，到2035年将核电占比从75%降至50%。《能源与气候法案》还提出大力发展可再生能源，《多年度能源计划》进一步明确2023年可再生能源装机为74 GW，2028年为113 GW，其中包括2020—2028年间增加高达8.75GW的海上风电装机容量。

另一方面，推动建筑、交通、工业部门的低碳技术发展，同时，推广可再生能源制氢技术应用。《多年度能源计划》提出到2023年绿氢应该占工业的10%，5年后占20%～40%；电动汽车2023年达66万辆，2028年达300万辆；

---

❶ EEG2000首次确立以固定上网电价为主的可再生能源激励政策；EEG2004根据可再生能源发电装机容量，制定了更为精细的分类定价政策；EEG2009建立了基于新增容量的固定上网电价调减机制，调控风电、光伏发电规模；EEG2012进一步完善了固定上网电价调减机制；EEG2014首次提出针对光伏电站的招标制度试点；EEG2017全面引入可再生能源发电招标制度，结束了基于固定上网电价的政府定价机制。

2023 年建成 10 万个公共充电站，外加 100 个公共氢燃料补给站，2028 年后将达到 400～1000 个。2020 年 9 月发布的《法国发展无碳氢能的国家战略》，提出计划到 2030 年投入 72 亿欧元发展绿氢，扶持电解制氢行业。

（二）中国

2020 年 9 月，习近平总书记在第七十五届联合国大会一般性辩论上提出了中国的"碳达峰、碳中和"目标，2021 年 3 月又提出要"构建以新能源为主体的新型电力系统"。习近平总书记的一系列重要讲话，传递着对绿色低碳可持续发展的坚定信心，从国家层面上为我国能源转型高质量发展指明了前进方向。

提出到 2030 年，非化石能源占一次能源消费比重将达到 25% 左右，风电、太阳能发电总装机容量将达到 12 亿 kW 以上。2020 年以来，多部门密集发布政策，聚焦缓解可再生能源补贴资金压力，持续发布风光发电监测预警结果引导新能源平稳有序发展，实施可再生能源电力消纳保障机制等，推进我国可再生能源发电高质量发展。

同时，抓紧编制碳达峰行动方案，积极推动工业、交通、建筑等部门加强可再生能源利用并提高能效。实施重点行业领域减污降碳行动，工业领域推进绿色制造，建筑领域提升节能标准，交通领域加快形成绿色低碳运输方式。完善有利于绿色低碳发展的财税、价格、金融、土地、政府采购等政策，加快推进碳排放权交易，积极发展绿色金融等。

（三）英国

英国重视发展海上风电，提出到 2030 年实现 40GW 海上风电发展目标。同时，交通行业到 2030 年停止售卖新的汽油和柴油汽车及货车，到 2035 年停止售卖混合动力汽车。在建筑行业加快发展热泵，到 2028 年每年安装 60 万个热泵。

此外，英国高度重视本国绿氢发展。先后在《绿色工业革命十点计划》和最新发布的《国家氢能战略》中明确提出，到 2030 年发展 5GW 低碳氢能的产能目标，满足工业、交通、电力和居民等多种用能需求。同时，建立完善的监管和市场框架，并通过早期的项目和以市场驱动的技术创新更好地降低制氢成本，为 2030 年后氢能的快速扩张奠定基础。

（四）日本

经历福岛核事故之后，日本在能源科技发展重点上有较大调整，大力支持发展可再生能源。在其"绿色增长战略"中，明确提出到 2030 年安装 10GW 海上风电装机容量，到 2040 年达到 30～45GW。

同时，日本推进工业、交通、建筑领域的电能替代，预计 2050 年电力需求比 2018 年增长 30%～50%，2035 年实现新车销量全部转变为纯电动汽车和混合动力汽车的目标。日本政府高度重视氢能战略，提出 2030 年大幅增加由化石燃料＋碳捕集、利用与封存/碳循环或可再生能源等方式生产的"清洁氢"供应量，力争超过德国 2030 年绿氢供应目标（约 42 万 t/年）水平。

3.2.2 能效提升

（一）欧盟

提高能效将发挥核心作用，与 2005 年相比，2030 年的能耗将减少 36%～39%。根据欧盟此前 2019 年通过的《欧盟清洁能源一揽子计划》中的《能源效率指令》，总体目标为 2030 年能效较 2007 年提高 32.5%。根据 2021 年最新发布的欧盟《2030 年减排目标一揽子提案》，2030 年终端和一次能源消耗要求减少 36%～39%，同时提出所有成员国的年度节能义务增加 1.5%，并确保公共部门每年节约 1.7% 的能源。

建筑节能将发挥关键作用。目前，建筑领域占欧盟能源消耗的 40%，二氧化碳排放量的 36%。根据此前的《欧盟清洁能源一揽子计划》（简称一揽子提案），从 2020 年 12 月 31 日起，所有新建筑必须以"几乎零能耗"的方式建造，同时促进住宅和工商业建筑推广"太阳能＋储能"发展模式。最新的 2030 年一揽子提案进一步提高了建筑节能目标，要求欧盟成员国每年至少翻新所有公共建筑总面积的 3%，并将"能效第一原则"应用于政策和投资决策。

（二）中国

中国政府高度重能源消费领域的节能高效，提出到 2030 年主要工业产品能源效率达到国际领先水平。早在 20 世纪 80 年代就确立了"能源开发与节约并重，把节约放在首位"的政策方针，2010 年以来，中国实现了全球领先的能效提升速度和能耗降幅，未来在交通、建筑等领域仍有较大的能效提升空间。近年来，也相继出台《关于加快建立绿色生产和消费法规政策体系的意见》《北方地区冬季清洁取暖规划（2017－2021 年）》《港口岸电布局方案》《节能与新能源汽车技术路线图》等，加快构建能源节约型社会。

（三）英国

重视发展绿色建筑。加快建筑节能改造，新的建筑标准中二氧化碳排放量将比当前标准减少 75%～80%。重视建筑能效提升，绿色住房补助金计划将帮助 280 万户家庭提高能源效率。2023－2032 年，绿色建筑的温室气体减排量将达到 7100 万 t 二氧化碳当量，占 2018 年英国排放量的 16%。

（四）德国

德国将可再生能源和能效作为能源转型战略的两大支柱。德国能效政策框架主要由欧盟的《能源效率指令》和德国的"能源转型"计划及一系列配套的政策和措施构成。由于建筑物占德国能源消耗总量约 40%，占德国二氧化碳排放总量约 1/3，因此发掘建筑节能成为德国能效提升重点。除了满足欧盟建筑能效指令外，还通过建筑节能法案对新建建筑提出了近零能耗标准，通过可再生能源供热法促进可再生能源在终端建筑中的应用。

3.2.3 　碳市场建设

自 1997 年第一份限制温室气体排放的国际性法规《京都议定书》首次提出碳排放权交易市场以来，已有超过 30 个国家和地区采用了碳市场管理体系。包括中国在内的很多国家正在积极建设碳市场，通过市场手段寻找碳减排的有效措施，实现低成本的碳排放总量控制和低碳能源转型目标。

（一）欧盟

欧盟碳排放交易体系（EU ETS）是欧盟实现碳减排目标最主要的手段。 为更好地与《京都议定书》的减排计划接轨，欧盟早在 2005 年就开启了碳排放交易体系，成为全球首个也是截至 2020 年底最大的碳市场。在经过两年的运行探索期之后，在后续 2008－2012 年、2013－2020 年两个运行期内很好地完成了任务，对欧盟兑现《京都议定书》中的减排承诺提供了保障支撑。尤其是 2020 年，EU ETS 承受住了新冠肺炎疫情对市场的冲击，在 2020 年 3、4 月碳价迅速触底反弹，为下一阶段运行做好了充足准备。

2021 年是 EU ETS 第四阶段的开端，为实现不断加强的减排承诺，EU ETS 的碳排放配额总量下调幅度也有所增加。按照 2030 气候框架计划提出的 2030 年 40％的减排目标，从 2021 年开始 EU ETS 碳排放配额总量年均降幅从 1.74％增至 2.2％。而为了实现最新的绿色新政和欧洲气候法案提出的 2030 减排 55％的目标，EU ETS 的年度减排速率还需要进一步提高，对此，欧盟委员会已经在欧盟《2030 年减排目标一揽子提案》中作了提议。

同时，纳入 EU ETS 的国家和行业范围也不断扩大。 其参与主体从欧盟 28 个成员国，到新增列支敦士登、挪威、冰岛 3 个国家，2020 年又建立起与瑞士碳市场的联系。纳入 EU ETS 的行业也从电力、制造业延伸到航空、化工、石化等。如欧盟《2030 年减排目标一揽子提案》中，欧盟委员会提议，逐步取消航空部门碳排放免费额度，并首次将航运排放纳入 EU ETS 中；为解决道路运输和建筑部门减排困难的问题，为其燃料分配单独建立一个新的排放交易系统。

（二）中国

中国在"十二五"规划纲要就提出逐步建立碳排放交易市场，多年的碳市场试点也为统一碳市场的建立积累了大量经验。 2011 年 11 月，国家发展改革委下发《关于开展碳排放权交易试点工作的通知》，同意在北京、天津、上海、重庆、广东、湖北、深圳 7 省市开展碳排放权交易试点，主要针对电力、石化、钢铁等排放密集型行业，探索市场化的节能减排路径。截至 2021 年 6 月 30 日，据各碳交易所数据，碳配额成交总量为 4.81 亿 t，碳配额成交总额近 114 亿元。

2020 年 12 月，生态环境部印发《2019－2020 年全国碳排放权交易配额总量设定与分配实施方案（发电企业）》和《纳入 2019－2020 年全国碳排放权交易配额管理的重点排放单位名单》，确定全国碳排放权交易的市场主体和配额实施方案。同月，《碳排放权交易管理办法（试行）》正式颁布，详细规定了全国碳排放权交易市场的排放配额、交易、核查、监管、罚则等管理要求。《中华人民共和国国民经济和社会发展第十四个五年规划和 2035 年远景目标纲要》也提出推进碳排放权市场化交易。

2021 年 7 月 16 日，全国碳排放权交易正式启动，覆盖约 45 亿 t 二氧化碳排放量，成为全球规模最大的碳市场。当前全国碳排放权交易市场主要针对电力行业，包括 2162 家发电行业重点排放单位，占到全国碳排放总量的约 40%。碳市场将为电力行业低碳化发展发挥更加重要的基础性作用。碳市场助力电力行业低碳化最重要的特征是形成市场化的碳定价机制，发出清晰的碳价信号并传递给上下游，进而降低全社会的碳减排成本。随着市场机制的探索完善，未来将进一步扩大碳市场覆盖的行业范围。

（三）德国

德国作为 EU ETS 的重要成员，也在同步拓展本国碳市场的范畴。由于 EU ETS 主要针对发电行业、能源密集型行业（如炼油厂、炼钢厂、铁、铝、水泥、玻璃、民用航空等）的二氧化碳排放设定了总量限制，并不包括其他能源消耗部门，如运输、农业和建筑物供暖，但碳减排目标的迫切性使德国政府近年来不得不考虑扩大碳市场涉及的范围。如 2019 年，德国联邦政府通过的《2030 气候法案》就包含在供热和交通领域引入二氧化碳排放交易机制，而这两个领域此前未被纳入 EU ETS，但将纳入德国国家排放交易系统。

**2021 年 1 月，德国国家排放交易系统全面启动，通过碳排放价格的适度上

涨，引导合理有序地减排投资规划。系统向销售汽油、柴油、天然气、煤炭等产品的企业出售排放额度，新增收入将用来降低电价、补贴公众出行等。从 2021 年开始，系统的碳排放价格将逐年提高，从 2021 年起以每吨二氧化碳当量 10 欧元开始，到 2025 年逐步升至每吨 35 欧元。从 2026 年起，价格将以拍卖方式由市场供需决定，但规定每吨价格限定在 35～60 欧元之间。通过保持碳价的适度上涨，达到引导持续有效的碳减排投资的目的。

3.3 国内外企业行动实践

3.3.1 油气企业

尽管减排难度较大，油气企业也为能源气候目标采取了积极行动。主要碳减排措施包括发展可再生能源、减少天然气生产储运过程的甲烷排放、利用 CCUS 技术开发绿色低碳化石产品、提高工业领域能效、减少交通运输业的碳排放强度等。

（一）油气行业气候倡议组织（OGCI[❶]）

早于 2016 年发布《OGCI 共同宣言》，承诺未来 10 年投资 10 亿美元，用于规模化削减温室气体排放的创新科技及其商业化；并提出致力于探索可实现 21 世纪下半叶净零排放的目标。**《OGCI 共同宣言》提出了油气行业控制和减少温室气体排放的行动措施和方向**，包括减少天然气生产储运过程的甲烷排放；碳捕集、利用与封存（CCUS）；提高工业领域能效；减少交通运输业的碳排放强度等。

2020 年 7 月，OGCI 宣布 2025 年碳强度目标，通过落实《OGCI 共同宣言》中的减排行动措施，降低其成员企业上游领域总平均碳强度，从 2017 年的

---

❶ 该组织于 2014 年联合国气候峰会上宣布成立，是国际油气行业重要的应对气候变化组织，成员包括中国石油、英国石油（BP）、沙特阿美、荷兰皇家壳牌等全球十大石油公司。

23kg二氧化碳当量/桶油当量降至2025年的20～21kg二氧化碳当量/桶油当量。

（二）中国石油和化学工业联合会

2021年1月，中国石油和化学工业联合会与17家石化企业、园区联合发布《中国石油和化学工业碳达峰与碳中和宣言》，从推进能源结构清洁低碳化、大力提高能效、提升高端石化产品供给水平、加快部署二氧化碳捕集利用、加大科技研发力度、大幅增加绿色低碳投资强度六方面提出倡议并做出承诺，助力实现"碳达峰、碳中和"目标愿景。

其中的不少石化企业此前已进行低碳发展战略布局，如中国石油设立了低碳管理专门机构，发布《绿色发展行动计划2.0》，制定《甲烷排放管控行动方案》，在2019年甲烷排放强度比2017年下降12.3%的基础上，提出2025年再降50%；中国石化提出到2025年将能效提高100%的目标；中国海油2019年发布了《绿色发展行动计划》，实施绿色油田、清洁能源和绿色低碳三个具体行动计划。

（三）英国石油公司（BP）

BP近年来高度重视低碳能源转型战略布局，是投资可再生能源最积极也是规模最大的石油公司之一。2017年12月，BP斥资2亿美元收购欧洲最大的太阳能开发商（Lightsource）43%的股份；2020年9月，以11亿美元收购挪威国家石油公司在美国的两家海上风力发电场的股权；2020年11月，与丹麦可再生能源集团合作，在德国一家炼油厂开发零碳氢气。此外，BP还提出到2030年，将绿色能源投资增加10倍，达50亿美元；可再生能源产量扩大20倍，增至50GW装机量。

2020年2月，BP宣布到2050年成为净零排放企业，也被公认为最有减排雄心的石油企业。BP实现零碳目标的具体措施包括：到2050年或之前，将所有运营业务和油气生产项目，以绝对减排为基础实现净零排放，并将所有销售产品的碳强度减少50%；到2023年，在所有重大油气作业地点安装甲烷检测系统，并将甲烷逸散强度降低 50%；增大对非石油与天然气业务的投资比例。

（四）荷兰皇家壳牌（RDS. A）

荷兰皇家壳牌一直重视新能源业务的拓展。除长期投资生物燃料外，在美国、荷兰等国家还拥有多个风电场；在德国组建联合体公司 H2Mobility，致力于建设覆盖德国全境的加氢站基础设施网络，为燃料电池车辆提供氢能源。

2020 年 4 月，荷兰皇家壳牌宣布在 2050 年前实现净零排放。具体地，以 2016 年数据为基准，计划到 2023 年将所有出售能源的碳强度减少 6%～8%，到 2030 年降低 20%，到 2035 年降低 45%，到 2050 年降低 100%。

（五）法国道达尔公司（Total）

道达尔较早布局可再生能源发展，特别是海上风能和太阳能发电。早在 2011 年，道达尔就投资了美国第二大太阳能电池板制造商 Sunpower 公司，并在全球布局太阳能业务，截至 2019 年，道达尔的太阳能发电业务已经覆盖全球近 40 个国家。自 2016 年以来，道达尔陆续收购一些陆上风电项目，并于 2020 年大举进军海上风电业务，其中包括计划在韩国开发的 2GW 全球最大漂浮式海上风电。计划到 2022 年运营 7GW 的可再生能源发电，到 2025 年运营 25GW。

2020 年 5 月，道达尔宣布在 2050 年实现净零排放。为了实现以上目标，道达尔计划于 2025 年将可再生能源总发电量提升至 25GW。提出到 2050 年，以可再生能源为主的电力产品销售将占道达尔总体业务的 40%，天然气产品（含沼气和氢气的天然气）占 40%，其他能源产品（其中四分之一为生物燃料）只占 20%。

（六）其他

挪威国家石油公司、埃尼等相继做出了大幅降低自身排放的承诺。其中，挪威国家石油公司将降低燃料出售环节的排放量，这约占化石燃料污染的 90%；埃尼则计划到 2050 年将其温室气体排放量减少 80%，主要通过控制运营、生产和销售环节的排放量来实现这一目标。

3.3.2　电力企业

电力领域碳排放总量大，是实现碳减排目标的关键环节。各国电力企业高度重视应对气候变化发展形势与能源转型，结合低碳目标与碳中和时间节点，提出企业发展目标与具体举措。

（一）意大利电力公司（Enel）

一方面，重视可再生能源发电的发展和清洁替代。2019 年 11 月发布 2020－2022 年战略规划时，就提出大力发展可再生能源发电，在 2020－2022 年期间计划新增 14.1GW，总投资约 144 亿欧元，占 Enel 全部投资预算的一半。同时，煤电装机量预计下降 61%，届时可再生能源发电装机容量（60GW）约占其发电总装机容量的 60%。

另一方面，积极探索和实践绿氢发展路径。2020 年 7 月，Enel 宣布将于2021 年启动一项绿色氢能业务，以加速实现其到 2050 年成为零碳排放生产商的计划。2020 年底，Enel 和 Maire Tecnimont 集团签署一项绿色氢能谅解备忘录，将 EGPNA 位于美国的一个太阳能发电厂的可再生能源转化为绿氢。

此外，Enel 也重视城市低碳能源发展和转型。2021 年 1 月，Enel 携手施耐德电气发布《净零碳城市：综合方法》，助力加快全球城市脱碳进程。报告提出采用系统综合方法来提高城市能源生产率，实现交通运输电气化、城市供热和冷却系统脱碳化，并增强需求侧灵活性。其目标是响应世界经济论坛（WEF）的"系统效率倡议：净零碳城市"，通过与社会各界通力合作，力争到2030 年实现全球 100 个城市的"净零碳排放"转型。

（二）法国电力公司（EDF）

EDF 发电装机以核电和可再生能源发电为主，为实现净零排放提供了良好基础。2019 年在其全球发电装机中，60% 为核电，18% 为水电，6% 为其他可再生能源发电，是目前欧洲碳排放量最低且极具竞争力的发电机组。作为 EDF发展的核心战略，"2030 年可持续发展目标"战略（CAP2030）提出将发展可再生能源作为三大战略支柱之一，提出将其全球可再生能源发电能力翻一番，装机容量提高至 50GW。提出通过加速可再生能源的发展和保证现有及新建核设施的安全和性能等措施，到 2030 年直接排放量减少 50％，到 2050 年实现碳中和。

（三）东京电力公司（TEPCO）

2020 年底，东京电力公司提出 2050 年净零排放战略。主要措施包括重启核电、海上风电和其他可再生能源，加强发电侧与用电侧的低碳替代发展。计划在未来 10 年内将其绿色发电能力提高 70％，到 2035 年开发高达 7GW 的海上风电和水电项目。此外，东京电力公司积极探索核电制氢，并合资成立位于东京的 $600m^3$/天的最大制氢站。

（四）美国电力公司（AEP）

AEP 在其清洁能源未来战略中提出：到 2030 年，发电设施的二氧化碳排放量在 2000 年的基础上减少 60％；到 2050 年，发电设施的二氧化碳排放量将比 2000 年的水平减少 80％。主要措施包括投资可再生能源发电和先进技术；投资输电和配电系统以提高效率；增加天然气发电的使用；扩大需求响应和能源效率计划等。

（五）国家电网有限公司

2021 年 3 月 1 日，国家电网有限公司在同类企业中率先发布《"碳达峰、碳中和"行动方案》，提出了能源电力落实"碳达峰、碳中和"的实施路径。一方面，构建多元化清洁能源供应体系。大力发展清洁能源，加快煤电灵活性改造，加强系统调节能力建设，加快能源技术创新。另一方面，全面推进电气化和节能提效。强化能耗双控，加强能效管理，加快电能替代，挖掘需求侧响应潜力。

（六）中国三峡集团

中国三峡集团清洁能源占比高，为其超前实现净零排放的目标奠定了基础。三峡集团经过多年的发展，清洁能源装机比例高达 96％以上。2021 年 3 月

11 日，三峡集团作为中国首家宣布碳中和时间表的电力企业，提出 2023 年碳达峰、2040 年实现碳中和。

（七）中国大唐

2021 年 6 月 22 日，中国大唐发布《中国大唐集团有限公司碳达峰、碳中和行动纲要》。提出确保 2030 年前实现碳达峰并力争提前碳达峰，非化石能源装机占比升至约 60%，度电碳排放减少约 20%；确保 2060 年前实现碳中和并力争提前碳中和，非化石能源装机升至 90% 以上。

3.3.3　能源消费企业

碳中和也已成为全球能源消费企业碳排放管理的目标。根据新气候研究所（New Climate Institute）发布的一份报告，在全球范围内，已有超过 800 家企业提出了碳中和目标，超过 50 家企业宣布已经实现碳中和。**互联网、零售、金融等现代服务业及制造业纷纷提出减排承诺和碳中和目标，且碳中和目标年份普遍早于国家和地区政策目标**。苹果公司、拜尔、蚂蚁集团、西门子、施耐德电气、通用电气、通威集团、埃森哲、宜家等都提出 2030 年前实现净零排放；奔驰、微软、RWE、亚马逊、大众、eon 集团、百事公司也承诺 2040 年前实现净零排放。

苹果公司提出 2020 年实现公司自身的碳中和，到 2030 年实现公司上下游全产业链碳中和。作为全球市场份额最大的电子产品销售企业之一，其产品碳排放主要集中在上游的供应链中。2020 年，苹果已实现公司的碳中和目标，所用电力 83% 来自自有电站提供的清洁电力，2019 年自有风光发电 20 多亿 kW•h，另外 12% 来自直购电，5% 来自绿证。为实现 2030 年苹果公司产业链碳中和目标，已推动 17 个国家 71 家供应商企业承诺 100% 使用可再生能源来制造苹果公司产品。

沃尔玛提出全供应链到 2030 年累计减排 10 亿 t，到 2040 年实现净零排放。作为全球最大的零售企业，2017 年，沃尔玛启动了供应链 10 亿 t 减排计划，目前供应商报告的累计减排量已经超过了 2.3 亿 t。同时，提出到 2040 年，在不购买减排权的情况下实现净零排放，具体措施包括 2035 年前全部电力设备使用可再生能源电力、2040 年前所有运输车辆实现电气化、升级制冷设备环保性能等。

奔驰公司到 2022 年实现欧洲工厂碳中和，到 2039 年实现全球工厂碳中和。计划到 2022 年购买 100% 清洁电力，并通过采购黄金标准 CER 来抵消直接排放部分。同时，计划在 2025 年实现 25% 销量为新能源车，2030 年达到 50%，2039 年推出碳中和车。这样，到 2030 年，奔驰公司可实现工厂的绝对排放相对于 2018 年降低 50% 的目标，2039 年实现碳中和目标。

腾讯公司提出到 2050 年力争实现碳中和的目标。2021 年 1 月宣布启动碳中和规划；同月，中国宝武公司提出低碳冶金路线图，2023 年力争实现碳达峰，2035 年力争减碳 30%，2050 年力争实现碳中和。

3.4 小结

（1）**在国际社会纷纷提出碳中和目标愿景的同时，各国能源低碳转型政策也随之升级，成为实现碳中和目标愿景的重要抓手**。在政策目标方面，由于能源与气候之间的强关联，减排目标推动能源低碳转型步伐加快，可再生能源和能效等的阶段性目标也不断提升。在实施路径方面，随着碳达峰、碳中和等时点临近，能源低碳转型的路线图更加清晰，财税等配套政策措施也不断细化完善。在发挥市场作用方面，政策更加关注实现低成本的能源低碳转型，特别是重视碳排放交易权市场的建设和完善。

（2）**为实现能源气候目标，各国采取积极政策举措，推进实现低成本的能源低碳转型**。重点可归为以下三个方面：一是促进可再生能源发展，包括提升发电侧可再生能源发电比例和提升终端电气化水平；二是提高能效，降低终端能源消耗；三是积极推进碳市场，推动实现低成本的低碳能源转型。总体来看，欧盟和英、美、日等发达国家具有较大的先发优势，政策体制较为完善，很多发展经验值得借鉴。**中国**作为发展中的大国，在"碳达峰、碳中和"目标愿景下持续发力，在可再生能源发展、能效提升和碳市场等制度建设方面均夺取了新胜利。

（3）碳中和也已成为全球企业共同的目标，也表现出不同的行业特征。相比而言，油气企业减排难度较大，尽管为气候行动积极努力，但需要逐步实现业务转型，实现碳中和的时间相对较晚。电力企业碳排放总量大，是各国实现碳减排目标的关键环节，各国电力企业高度重视，所提目标与措施符合本国政策要求。能源消费企业实现碳中和的手段较为灵活，对主营业务的影响也更小，因此碳中和目标年份都普遍早于本国碳中和目标年份。

4

国内外能源转型关键技术经济趋势分析

全球"碳中和"发展背景下，以低碳能源技术为支点推进能源转型成为世界各国能源发展的新趋势，低碳能源技术创新正在推动新一轮能源革命孕育发展。风电、光伏、储能、制氢、CCUS、碳汇等低碳能源技术将成为各国未来十年甚至更长时间发展和创新的重点内容。

4.1 国内外能源转型关键技术发展现状

4.1.1 新能源技术发展现状

（一）风电

风力发电机组大型化和提高适应风速范围一直是风电技术的主要研发方向。2010 年，全球陆上风力发电机组的平均单机容量为 1MW，平均叶轮直径为 60.17m；海上风力发电机组的平均单机容量为 1.6MW，平均叶轮直径为 43.73m。2018 年，全球陆上风力发电机组的平均单机容量已达 2.6MW，平均叶轮直径达到 110.4m；海上风力发电机组的平均单机容量已达 5.5MW，平均叶轮直径达到 148m。风力发电机组大型化意味着叶片、轮毂、机舱、塔筒、基础等设备的重量和体积会增大，承受的载荷也会增大；风力发电机组的发电机、变流器、变压器等电气设备的额定电压电流等级都需要相应提高。在适应风速范围方面，低风速风力发电机组能够适应的风速范围已经低至 5m/s 左右。开发低风速区域风力发电的主要技术手段是增加塔筒高度、延长风力发电机组叶片、降低机舱重量，以此达到适应低风速地区的目的。叶片大型化是风力发电机组大型化和实现低风速开发的关键技术难点，叶片设计、制造以及运行状态的好坏直接影响风力发电机组的性能和发电效率。延长叶片长度可增大单个风力发电机组的扫风面积，捕获更多的风能。随着风力发电机组大型化趋势越发明显，大型风力发电机组叶片也被看作是衡量风力发电装备企业技术实力的重要指标之一。

　　海上风力发电开发主要向远海、深海海域发展。欧洲国家在海上施工能力方面不断取得突破，固定式基础海上风力发电的水深达到 52m，离岸距离约为 200km。位于苏格兰的 Hywind 海上风电场，是目前唯一采用漂浮式海上风力发电基础的已投运项目，该风电场水深约 120m，离岸距离为 25km。海上风力发电由风力发电机组、塔架和基础三部分组成。机组所处海洋环境条件决定了基础结构设计中不仅需要设计泥面下的地基部分，还需要在塔架底部与泥面位置之间设计过渡段结构，往往高达百米以上，这也是海上风力发电与陆上风力发电最大的不同之处。过渡段的设计需要考虑海水深度、潮位变动幅度、冰况、波况、风况、风力发电机组容量、地基土、风场附近通航要求（防撞防护）、工程造价以及工期等多种因素，是海上风力发电基础设计的关键。基础设计的复杂性和施工难度是造成海上风力发电成本高的主要原因之一，其成本通常占风力发电场总成本的 20％～30％。提高海上风力发电机组基础的设计和施工技术，降低基础成本，成为发展海上风力发电的关键。

　　（二）光伏发电

　　目前，晶硅电池技术已经较为成熟，薄膜电池正处于快速发展阶段，各种技术路线呈现多样化发展态势。晶硅电池占到全部市场份额的 90％以上，其中多晶硅占 50％，单晶硅占 40％。薄膜电池正处于快速发展阶段，效率和价格竞争力正不断提升。近 10 年来晶体硅电池转换效率保持平均每年 0.5％的提升速度。2019 年，单晶和多晶硅电池的最高转换效率分别达到 26.7％和 23.2％。薄膜电池中，砷化镓电池转换效率最高，达到 29.1％，市场主流的铜铟镓硒薄膜电池最高转换效率达到 23.35％。由于材料带隙结构等内在差异、制备过程中大面积均匀性差、设备成本过高等原因，薄膜太阳电池性能仍低于晶硅电池。截至 2019 年底，单晶硅和多晶硅电池组件的最高转换效率分别为 24.4％和 19.9％，铜铟镓硒薄膜电池组件最高转换效率达到 19.2％。

　　（三）光热发电

　　光热发电系统一般由聚光集热器、吸热器、传热系统、储热系统、汽轮机组或斯特林发电机等装备组成，其中聚光集热器和吸热器是核心部件。目前，光热发电技术可分为塔式、槽式、菲涅尔式、碟式四种技术路线。槽式和菲涅尔式光热发电技术占全球市场份额在90％左右。塔式技术由于介质温度更高，可以获得更高转换效率以及储热价值，近年也被市场青睐并迅速发展。另外，当前塔式技术仍具有较大的技术改进与创新潜力，但由于其系统更为复杂，技术进步与成本下降也需要更多的时间。美国与西班牙在光热发电领域起步较早，各种技术路线及装备制造能力较为成熟。中国后发优势明显，具备整体项目设计以及绝大部分装备制造能力。

（1）槽式、菲涅尔式光热发电系统。槽式光热发电是将照射在纵向延伸曲面反射镜中的太阳能聚集于集热管转化为热能后通过传热器产生高温蒸汽，进而通过汽轮机进行发电的技术。菲涅尔式光热发电系统是槽式系统的简化形式，由条形平面反射镜组代替曲面反射镜以降低成本及工艺难度，但聚光比和光电效率较槽式系统偏低。目前，槽式、菲涅尔式光热发电系统技术标准较成熟、装备制造水平较高，在国内外具有广泛的商业应用实例。槽式、菲涅尔式光热发电系统核心装备包括反射镜、集热器、集热管。我国在反射镜方面具有成熟的技术装备，但ENEA、Rioglass等国外厂商在弧形反射镜的研制上仍处于领先地位。

（2）塔式光热发电系统。塔式光热发电是通过追踪太阳的球面定日镜群反射太阳光至高塔吸热器以将高热流密度的辐射能转化为导热介质的热能后通过传热器产生高温蒸汽，进而通过汽轮机进行发电的技术。塔式光热发电系统拥有较高的蒸汽和热动效率，同时缩短了导热管回路，但由于定日镜数量较多，距离集热吸热装置较远，因此需要极高的精度要求。目前，塔式光热发电系统技术标准仍处于示范探索阶段，装备多为定制化设计，中国近期项目国产化率达到95％以上。塔式光热发电系统核心装备包括定日镜、吸热器。其中，定日镜中的跟踪控制器是各国科研攻关的重点也是难点，未来跟踪精度与稳定性将稳步提高。我国吸热器设计与制造较为成熟，中国项目采用国产吸热器为主，

Solar Reserve、B&W、GE 等海外公司也具备相当的吸热器设计制造能力。

4.1.2　前沿技术发展现状

（一）储能技术

在化学储能技术方面，锂离子电池综合优势较强，而铅蓄电池、液流电池、钠硫电池等在成本、功率密度、能量密度、响应速度、配置灵活度等方面各具特点。其中，锂离子电池能量转换效率为 90%～95%，能量密度可达约 200W·h/kg。目前锂离子使用寿命一般在 8～10 年，低于电力系统中其他设备的平均寿命周期，正常工况下循环次数为 4000～5000 次。锂离子电池综合性能较好，可以提供兆瓦级的瞬时功率输出，完全满足电力调频等功率型应用。近年来，随着制造技术的持续完善和成本的不断降低，许多国家已经将锂离子电池用于储能系统，其研究已从电池本体及小容量电池储能系统逐步发展到大规模电池储能电站的建设应用。

铅蓄电池成本低、维护简单，可以灵活设计、配置和组装；以铅炭电池为代表的先进铅蓄电池克服了传统铅蓄电池的缺陷，在功率密度和能量密度上均得到大幅提升（增幅 20%～50%），但在使用寿命和循环次数方面仍与其他电化学电池存在差距。铅炭电池主要适用于对储能系统体积、重量要求不高的场合；大电流重放特性较差，不大适用于大功率、高频率充放电的应用场景（如调频等）。但铅炭电池在安全性、经济性方面具有优势，在削峰填谷、需求侧管理和智能微网等场景已经实现商业化应用。钠硫电池和液流电池均可以实现较高的储能容量，并且均能在短时间内释放出大量电能，在电网调峰、备用容量等领域有一定的应用潜力。此外，液流电池具有独立的系统功率和容量，可以灵活配置，可通过添加或减少电解液罐进行合理配置，便于与其他储能技术根据实际需求进行组合设计。

在其他储能前沿技术方面，比如超级电容器和超导储能虽然具有功率密度高、响应迅速快等特点，同样也存在能量密度低的问题；超导材料的价格十分昂贵，这类技术做能量型应用的成本过高，仅适合用于功率型应用，包括调频、提升电能质量等，但仍然面临成本过高、技术不成熟等应用难题。另外，全球储能技术研发的脚步不断加快，包括水系钠离子电池、锂硫电池、液态金属电池、金属－空气电池、铝离子电池等新型电池体系不断涌现，性能快速提升及逐渐成熟，但要走出实验室，实现商业化开发，还需要解决众多技术成熟度、成本控制等关键问题，中短期内这些技术还难以对目前主流的储能技术形成挑战。

不同储能技术的技术特性及优缺点比较如表 4－1 所示。

表 4－1　　　　　　不同储能技术的技术特性及优缺点比较

储能技术	技 术 特 性	优　点	缺　点	功能划分
压缩空气储能	利用过剩电力压缩空气并存储在地下结构中	容量大、工作时间长、寿命长	能量转换效率低、选址受限	能量型
飞轮储能	借助飞轮加减速进行能量转换	功率密度高、寿命长、稳定性好	能量密度低、自放电率高	功率型
铅炭电池	加入碳材料组织负极硫酸盐化，延长电池寿命	功率高、原材料资源丰富、成本较低	寿命短、能量密度低、铅属有毒物质	功率型＋能量型
锂离子电池	以锂金属氧化物等材料为电极，以锂盐有机溶液为电解液	功率密度高、功率高、循环寿命长	复杂的电池管理系统、存在安全隐患	功率型＋能量型
全钒液流电池	存放于不同容器的电解液流经电池电堆，在电极发生化学反应	功率和容量设计独立、安全性好	功率特性差、能量密度低、体积较大	功率型＋能量型
超级电容器	利用电极和电解质之间的双电层来存储电能	功率密度高、响应速度快、效率高	能量密度低、价格较高	功率型
熔融盐储热	以熔盐作为储热介质，通过换热器等设备释放热量以供使用	规模大、可方便配合常规燃气机使用	成本高、效率低、可靠性低	能量型
电解制氢	电解水制取氢气，通过燃料电池等方式释放电能或送入氢产业链直接使用	运维成本低、可长时间存储	全周期效率低、成本高	能量型

除上述技术外，还有多种新型储能技术正处于研发阶段，具有较强的潜在技术优势。目前，各方研究机构致力于海水蓄能、新型液流电池、有机钠离子电池、水系电池、液态金属电池等新型储能技术研发，以期取得性能突破，在市场脱颖而出。各类新型储能技术的技术进展情况如表 4-2 所示。

表 4-2 各类新型储能技术的技术进展情况

技术名称	技术特征	技术优势	主要研发机构	研究水平
海水蓄能	混凝土空心球利用海水抽出和蓄入	选址方便、占地面积小、水源充足	德国弗劳恩霍夫协会	兆瓦时器件测试
新型液流电池	改造原有液流电池的电解质和电极材料	稳定性高、电解液成本低	中国科学院大连化学物理研究所、美国 energy storage systems 公司等	千瓦级系统测试
有机纳离子电池	钠离子在正负极之间脱嵌	原材料成本低、有机材料可降解、柔性	夏普、中国科学院物理研究所等	安时级器件
水系锂/钠混合电池	正极锂/钠脱嵌，负极锂/钠吸附和脱附	高安全、无污染、低成本	美国 Aquion energy、中国恩力能源科技有限公司	兆瓦级示范
液态金属电池	正负极合金与合金化	能量密度高、倍率特性和循环特性突出	美国 Ambri、中国威盛集团等	20kW 系统测试

（二）氢储能技术

氢储能系统在技术方面主要分为四个环节，分别是电解水制氢、燃料电池发电、氢储存以及运氢。

1. 电解水制氢技术

电解水制氢是通过水电解在阴极上产生氢气、在阳极上产生氧气的过程。水电解制氢技术主要包含碱性电解制氢技术、固体聚合物电解制氢技术以及高温固体氧化物制氢技术。不同水电解制氢流程相同，均是在充满电解液的电解槽中通入直流电，水分子在电极上发生电化学反应，分解成氢气和氧气，再经过纯化系统，得到高纯度的氢气。

碱性电解制氢主要由电源、电解槽箱体、电解液、阴极、阳极和横膈膜组成。通常电解液为氢氧化钾溶液（KOH），浓度为 20%～30%（质量分数），横膈膜主要由石棉组成，主要起分离气体的作用，两个电极主要由金属合金组成，如 RaneyNickel、Ni‐Mo 和 Ni‐Cr‐Fe。固体聚合物电解制氢是基于离子交换技术的高效电解技术，主要由两电极和质子交换膜（PEM）组成。质子交换膜通常与电极催化剂成一体化结构，在这种结构中，以多孔铂材料作为催化剂结构的电极紧贴在交换膜表面。高温固体氧化物电解制氢采用的电解槽中间是致密的电解质层，两边为多孔的氢电极和氧电极。电解质的主要作用是隔开氧气和燃料气体，并且传导氧离子或质子，因此一般要求电解质致密且具有高的离子电导率和可忽略的电子电导。电极一般为多孔结构，以利于气体的扩散和传输。高温固体氧化物电解槽工作温度较高，为 600～1000℃。

表 4-3 列出了碱性水电解、质子交换膜水电解和固体氧化物水电解的技术性能参数，目前碱性电解槽已充分产业化，应用时间长，成本较低；质子交换膜电解槽正在逐步商业化，工作范围更宽、占地面积小；固体氧化物电解槽仍处于研究阶段，工作效率最高，需在高温下工作。

表 4-3 三种水电解的技术性能参数

项 目	碱性水电解	质子交换膜水电解	固体氧化物水电解
运行温度（℃）	60～80	50～80	600～1000
运行压力（bar）	1～30	30～80	1
电流密度（A/cm²）	0.2～0.4	0.6～2.0	0.3～1.0
电解小室电压（V）	2.2	2.0	1.2
电解槽能耗（kW·h/m³，标准状态）	4.4～5.1	4.3～5.0	3.5
系统寿命（h）	60 000～90 000	30 000～90 000	10 000～30 000
氢气纯度（%）	>99.8	～99.999	—
单机规模（m³H₂/h，标准状态）	≤1000	≤1000	≤40

续表

项　　目	碱性水电解	质子交换膜水电解	固体氧化物水电解
系统功（kW·h/m³，标准状态）	4.3～6.7	4.7～7	3.7～4
能量效率（%）	62～82	67～82	81～92
应用现状	充分产业化	逐步商业化	实验室阶段
优点	技术成熟，成本低	电流密度高、同体积下质量轻、无碱液带来的腐蚀性、产品气体纯度高	能量转化效率高
缺点	电流密度低、体积大、质量差、碱液有腐蚀性	成本为碱性槽的1～2倍，原料水的水质要求高	高温条件下工作，对材料要求高，成本高

注　1bar＝0.1MPa。

2. 燃料电池发电技术

燃料电池是利用氢和氧（成空气）直接经过电化学反应而产生电能的装置。具有结构简单，维修方便，启动迅速，环保无污染等特点。目前，燃料电池技术主要有碱性燃料电池、磷酸燃料电池、固体氧化物燃料电池、熔融碳酸盐燃料电池和质子交换膜燃料电池。从商业应用上来看，熔融碳酸盐燃料电池、质子交换膜燃料电池和固体氧化物燃料电池是最主要的三种路线。

质子交换膜燃料电池的基本结构主要由质子交换膜（PEM）、催化剂层、扩散层、集流板（又称双极板）组成。质子交换膜是质子交换膜燃料电池的核心部件，是一种厚度仅为 $50～180\mu m$ 的薄膜片，其微观结构非常复杂。它为质子传递提供通道，同时作为隔膜将阳极的燃料与阴极的氧化剂隔开，其性能好坏直接影响电池的性能和寿命。固体氧化物燃料电池单体主要组成部分由电解质、阳极或燃料极、阴极或空气极和连接体或双极板组成。阳极为燃料发生氧化的场所，阴极为氧化剂还原的场所，两极都含有加速电极电化学反应的催化剂。熔融碳酸盐型燃料电池是由多孔陶瓷阴极、多孔陶瓷电解质隔膜、多孔金属阳极、金属极板构成的燃料电池。其电解质是熔融态碳酸盐，通常是锂和钾，或锂和钠金属碳酸盐的二元混合物。

表 4-4 对比了质子交换膜燃料电池、固体氧化物燃料电池和熔融碳酸盐燃料电池的主要性能。质子交换膜燃料电池具有低温操作、启动快、比功率高、结构简单、模块化特性强等优点，处于商业化的最前沿；固体氧化物燃料电池运行温度过高，材料热稳定及系统长期性能较差，现今技术的开发仍处于初期探索阶段，离商业化应用还有一定距离；熔融碳酸盐燃料电池首先装机容量是目前最大的，单电池的面积和功率都比较大，在国外已经有了示范工程。

表 4-4 　　　　　　　　　**三种燃料电池氢发电技术的性能参数**

项　　目	质子交换膜燃料电池	固体氧化物燃料电池	熔融碳酸盐燃料电池
技术成熟度	已应用	研发中	已应用
运行温度（℃）	≤80	700～1000	600～700
启动时间	5min	>10h	>10h
比功率（W/kg）	300～1000	15～20	30～40
单位面积功率（W/cm²）	1～2	0.3	0.2
发电能力	1kW～2MW	300kW～3MW	100kW～400kW
能量效率（%）	40～60	60～65	65
优点	能量转化效率高、燃料多样性、可靠性高、室温快速启动、无电解液流失、水易排出、寿命长	较高的电流密度及功率密度、燃料综合利用率高、清洁高效、无腐蚀及封接问题、催化剂成本低	效率高、噪声低、无污染、燃料多样化、余热利用价值高、燃料气体纯度要求低、电池构造材料价廉
缺点	成本高、对燃料净化程度要求高、余热回收温度低、对温度及湿度比较敏感	对陶瓷材料的性能要求高、组装困难、预热和冷却系统复杂、成本高、不易建立	电池系统结构复杂、寿命短、电池边缘的高温湿密封技术难度大

3. 氢储存

氢在常温常压下为气态，密度仅为空气的 1/14。氢储存是实现大规模利用氢能必须解决的关键技术问题之一。氢储存方式通常可以分为高压气态氢储存、液化氢储存和固体吸附氢储存。

高压气态氢储存是目前应用最为广泛的氢储存技术，具有充装释放氢气速度快、技术成熟以及成本较低等优点，但高压氢储存通常需要能够承受高压的氢储存压力容器，体积氢储存密度不高，而且氢气压缩过程能耗较大。高压气态氢储存技术氢储存密度一般在 $18\sim40g/L$，一般选用钢制气瓶。液化氢储存是将纯氢冷却至 $-253℃$，使之液化储存。具有体积密度高、储存容器体积小等优势。但氢气液化过程需要多级压缩冷却，消耗的能量将近占氢能的 30%。另外，为了避免液态氢蒸发损失，对液态氢储存容器绝热性能要求苛刻，需要具有良好绝热性能的绝热材料。固态吸附氢储存是利用固体对氢气的物理吸附或化学反应等作用，将氢储存于固体材料中。固态储存一般可以做到安全、高效、高密度，是气态储存和液态储存之后，最有前途的研究发现。

衡量氢气存储技术好坏主要从氢储存成本、氢储存密度和安全性几方面来衡量。如表 4-5 所示，高压气态氢储存技术成熟、成本低，但是安全性较差，氢储存密度低，在氢燃料汽车上应用并不完美，因此该技术应用未来可能有下降的趋势；液化氢储存密度较高、性能稳定，但是投资大、能耗高，短期内应用于民间领域还不太可能，长期来看，在国内商业化应用前景不如其他氢储存技术；固体吸附氢储存安全性能高、氢储存密度高，但是循环性能差、存在技术上问题。因此在短期内，该技术还不会有较大范围的应用，长期来看，该技术的发展潜力很大。

表 4-5　　　　　　　各种氢气储存方式对比

项目	高压气态氢储存	液化氢储存	固体吸附氢储存
氢储存成本	低	高	中
质量氢储存密度（%，质量分数）	<5.7	5.1～7.4	4.5～18.5
安全性	较差	较差	安全

项目	高压气态氢储存	液化氢储存	固体吸附氢储存
优点	充放氢速度快、容器结构简单	氢储存密度高、性能稳定	氢储存密度高、氢储存压力低、安全性好、氢气纯度高
缺点	体积比容量小、安全性差	投资大、能耗高、有蒸发损失、反应温度高、脱氢效率低	吸放氢温度偏高、循环性能较差

4. 运氢技术

氢气输送是氢能利用的重要环节。一般而言，氢气生产厂和用户会有一定的距离，这就存在氢气输送的需求。按照氢气输运方式的不同可以分为气氢输送、液氢输送和固氢输送。但从发展趋势来看，我国主要以气氢拖车输氢、液氢输氢和管道输氢三种运氢方式为主，管网输氢一般适用于用量大的场合，而车、船运输则适合于量小、用户比较分散的场合。

气氢拖车由动力车头、整车拖盘和管状储存容器 3 部分组成，其中储存容器是将多只（通常为 6～10 只）大容积无缝高压钢瓶通过瓶身两端的支撑板固定在框架中构成，用于存放高压氢气。液氢输送是把液氢装在专用低温绝热槽罐内，放在卡车、机车、船舶或者飞机上运输。这是一种既能满足较大输氢量又比较快速、经济的运氢方法。液氢储存密度和损失率与氢储存罐的容积有较大的关系，氢储存罐越大，氢储存效果越好。管道输氢一般应用于大量、长距离的氢气输送。目前使用的输氢管线一般为钢管，运行压力为 1～2MPa，直径为 0.25～0.30m。实际上现有的天然气管道就可用于输送氢气和天然气的混合气体，也可经过改造输送纯氢气，这主要取决于钢管材质中的含碳量，低碳钢更适合输送纯氢。

中国主要采用气氢拖车运输，液态氢气运输多用于航天及军事领域。随着氢能产业不断发展，氢气运输技术的进一步提高，气态管道运输、液态氢气运输等高效率低成本的运氢方式将会成为氢能产业运输发展的方向，如表 4-6

所示。

表 4 - 6 三 种 运 氢 方 式 对 比

项　　目	气氢拖车输氢	液氢输氢	管道输氢
压力（MPa）	20	0.6	1～4
载氢量（kg/车）	300～400	7000	—
体积氢储存密度（kg/m³）	14.5	64	3.2
质量氢储存密度（%，质量分数）	1.1	14	—
成本（元/kg）	2.02	12.25	0.3
能耗（kW·h/kg）	1～1.3	15	0.2
经济距离（km）	≤150	≥200	≥500
应用情况	广泛用于商品氢运输	国外应用较为广泛，国内目前仅用于航天及军事领域	国外处于小规模发展阶段，国内尚未普及
优点	技术成熟	适用于中远距离运输	运输效率高、运输距离长
缺点	运输量小、运输距离短	液化能耗高、成本高、设备要求高	一次性投资高、氢脆现象

4.1.3　碳减排技术发展现状

现代工业生产中二氧化碳的排放源很多，如水泥、钢铁、电力、煤化工及炼化厂等都是二氧化碳排放大户。针对二氧化碳排放问题，各个行业均进行了二氧化碳的捕集、利用和封存方面的研究探索，每个行业又根据自身行业特点，形成了多种二氧化碳捕集、利用和封存的技术方法。

1. 碳捕集技术

至今为止，碳捕集技术主要基于发电来定义。第一代碳捕集技术包括胺基溶剂（燃烧后捕集）；物理溶剂如聚乙二醇二甲醚法（Selexol）、低温甲醇法（Rectisol）等（燃烧前捕集）；富氧燃烧。这些技术已经成熟可以投入商业应用，只是成本较高，因此相关的改进研发工作正在进行中。与发电相比，工业过程中的碳排放可能并非来自燃烧，因而上述第一代碳捕集技术的分类并不适用于工业。综合来看，可分为基于溶剂的碳捕集、基于吸收剂的碳捕集、基于膜的碳捕集以及高温循环碳捕集等。第二代碳捕集技术（如新型膜分离技术、新型吸收技术、新型吸附技术、增压富氧燃烧技术等）仍处于实验室研发或小试阶段，技术成熟后其能耗和成本会比成熟的第一代技术降低30％以上，2035年前后有望大规模推广应用。第三代碳捕集技术正处于概念设计或早期开发阶段，两者均侧重于开发更高效、环保和经济的技术。

基于溶剂的碳捕集。第一代单乙醇胺（MEA）碳捕集技术的技术成熟度已达到7~8级，溶剂再生的热负荷已经从$5GJ/tCO_2$降至$1.8 GJ/tCO_2$，通过溶剂优化和工艺整合，进一步的改进仍在中试和示范工厂中测试，其开发目标为开发低成本和无腐蚀性的溶剂，提高CO_2负载能力，改进反应动力学，减少废气排放，降低溶剂再生的能耗。在较高CO_2浓度时，物理溶剂的应用效果更好，其技术成熟度已达到第8级。而在较低CO_2浓度情况下，甲基二乙醇胺（MDEA）是首要选择。第一代碳捕集技术的研究重点是提高高温下的CO_2负载能力；减少吸收热量；改进溶剂再生条件以在更高压力下进行碳捕集。

基于吸附剂的碳捕集。对于固体吸附剂，通常将变压吸附或变温吸附用于吸附剂再生，气体与吸附剂的接触发生在固定床、移动床或流化床中。尤其是对于天然气电厂，可以利用碳捕集技术获得高纯度的H_2。在这种情况下，通常在使用物理溶剂分离CO_2后，利用活性炭变压吸附（技术成熟度为8级）获得高纯度的H_2。这一策略适合煤气化电厂［如整体煤气化联合循环发电系统（IGCC）］和天然气重整工厂。

基于膜的碳捕集。此类技术利用渗透性材料选择性地从烟气中分离CO_2。气体分离涉及物理或化学相互作用和/或表面反应以及选择性运输。通常，膜系统由多级和循环流组成。

高温循环技术。此类技术的成熟度在4~5级，是当前研究的重点，欧盟相关项目多集中在化学链燃烧项目（技术成熟度为 5 级）以及煤和天然气锅炉项目（技术成熟度为 6 级），钙循环法的技术成熟度已达到 5 级。

2. 碳利用和封存技术

如今，CO_2 已在一些行业中用于商业用途，例如，它用于生产尿素（氮基肥料的主要前体）和碳酸饮料。在这两种应用中，CO_2 只是暂时储存并最终释放到大气中。二氧化碳的其他潜在用途正在出现，它们包括建筑材料（将提供长期但不是永久的二氧化碳储存）和合成燃料的原料（这将防止二氧化碳仅暂时释放到大气中）。从国内外项目经验看，地下封存、驱油和食品级利用，是当前较主流的方向。主要的碳利用和封存技术示意如图 4-1 所示。

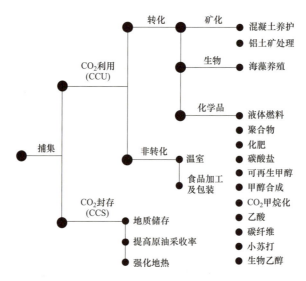

图 4-1　主要的碳利用和封存技术示意

CCUS-EOR（Enhanced oil recovery，强化采油）技术可以通过 CO_2 把煤化工或天然气化工产生的碳源和油田联系起来，有较好的收益。该技术通过把捕集来的 CO_2 注入油田中，使即将枯竭的油田再次采出石油的同时，也将 CO_2 永久地储存在地下。CO_2 驱油的主要原理是降低原油黏度、增加原油内能，从而提高原油流动性并增加油层压力。CO_2 制化肥和食品级 CO_2 商业利用也是目前较成熟的碳利用项目。图 4-2 展示了二氧化碳驱油技术。

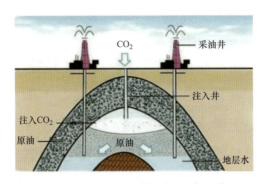

图 4-2　二氧化碳驱油技术示意

国外近年来 CO_2 利用有很多新兴的利用方向，如荷兰和日本均有较大规模的将工业产生的 CO_2 送到园林，作为温室气体来强化植物生长的项目。包括温室气体利用技术在内，国外处于示范项目阶段 CO_2 利用技术有 CO_2 制化肥、油田驱油、食品级应用等；正处于发展阶段的有 CO_2 制聚合物、CO_2 甲烷化重整、CO_2 加氢制甲醇、海藻培育、动力循环等；尚处于理论研究阶段的方向有 CO_2 制碳纤维和乙酸等。国内新兴的碳利用方向主要有 CO_2 加氢制甲醇、CO_2 加氢制异构烷烃、CO_2 加氢制芳烃、CO_2 甲烷化重整等，如中国科学院山西煤炭化学研究所、中国科学院大连化学物理研究所、中国科学院上海高等研究院、大连理工大学等，对这些技术进行了研究，但大多都处在催化剂研究的理论研究阶段或中试阶段。

CO_2 捕集后，可以通过泵送到地下、海底长期储存，或直接通过强化自然生物学作用把 CO_2 储存在植物、土地和地下沉积物中。当前的碳封存技术主要分为两种：第一种是将 CO_2 高压液化注入海洋底。基于 CO_2 的理化性质，在海平面 2.5km 以下，CO_2 主要以液态的形式存在。由于密度大于海水密度，将这一区域作为海洋碳封存的安全区域，如图 4-3 所示。第二种是将 CO_2 进行地质封存。在地下 0.8~1.0km 这一高度区域内，超临界状态的 CO_2 具有流体性质。基于 CO_2 的理化性质改变，可实现地质碳封存，如图 4-4 所示。

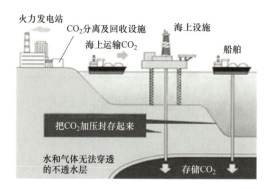

图 4 - 3　CO_2 高压液化注入海洋底封存技术

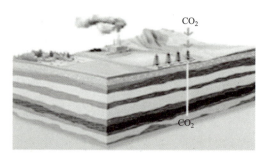

图 4 - 4　CO_2 进行地质封存技术

4.2　国内外能源转型关键技术发展趋势

4.2.1　新能源技术发展趋势

（一）风力发电

2025 年前，全球大型风力发电机组设计制造技术进一步成熟，陆上风机单机容量和轮毂高度持续增大，陆上风力发电机组单机容量将达到 5.8MW，叶片长度达 170m，低速风机技术逐步成熟应用；**风力发电应用的重点领域仍是陆上风力发电，同时推动海上风力发电、风力发电供热、风力发电制气、风力发电海水淡化等多样化应用形式发展**。根据 IEA 预测，2025 年全球风力发电装机容量将达到 12.16 亿 kW，在世界电源年发电量结构中占比达到 10%。

2025—2030 年，风力发电机组继续呈现大型化发展趋势，超低速风力发电机组成熟应用，同时推动多种新型风力发电机组技术发展。陆上风力发电机组最大单机容量达到 10~15MW，海上风电海上风力发电机组单机容量和轮毂高度持续增大，海上风力发电机组单机容量将达到 15~20MW，漂浮式风力发电机组趋于成熟，将引领近海海上风电市场，风力发电机组在低纬度极地实现应用，中长期风功率预测准确性实现突破，实现全工况电压支撑功能。**受制于海上风力发电技术瓶颈和成本仍然较高的原因，风力发电发展的重心仍将是陆上风力发电，欧洲仍将是这一阶段海上风力发电发展的主要地区。**根据 IRENA 预测，2030 年底，全球风力发电装机容量将达到 20.15 亿 kW，在世界电源年发电量结构中占比达到 21%。

2030—2060 年，风力发电技术继续在机组大型化、低风速、提高海上开发能力、极端环境适应性、电网友好性等方面进一步发展并取得突破。预计到 2060 年，陆上风力发电机组单机容量达到 20~25MW，海上风力发电机组最大单机容量达到 50~55MW、最低运行温度可达 −60~−70℃；同时在稳定电网电压、提供系统惯量、支撑电网频率等方面发挥重要作用。**风力发电继续保持平稳发展势头，提供全球约 35% 的发电量，布局进一步向亚太地区转移，海上风电成为新的增长点。**根据 IRENA 预测，预计到 2050 年，全球风力发电装机容量将达到 60 亿 kW 左右，发电量约占全球电力生产的 35%。其中海上风力发电将达到 10 亿 kW，占风电总装机的 1/6。在区域层面，亚洲（主要是中国）将继续主导全球陆上风电市场，2050 年亚洲陆上风力发电装机容量将占全球总量比重超过 50%，其次是北美（23%）和欧洲（10%）。对于海上风力发电，2050 年亚洲海上风力发电装机容量将占全球的 60%，其次是欧洲（22%）和北美（16%）。

（二）光伏发电

2025 年前，晶硅和薄膜电池转换效率继续提高，商用晶硅电池转换效率有望超过 25%，薄膜电池转换效率超过 20%，钙钛矿型、叠层等新型电池进入示范阶段。

2025—2030 年，晶硅和薄膜电池转换效率进一步提高，商用晶硅电池转换效率有望超过 30%，薄膜电池转换效率超过 25%，**钙钛矿型、叠层等新型电池进入商业应用初期。应用层面，全球光伏发电以集中式利用方式为主，受益于政策支持和成本逐步下降，屋顶光伏发电装机容量在中国、印度、欧洲等国家和地区显著增加，但整体规模仍远低于集中式光伏发电。**据 IRENA 预测，预计 2030 年底，全球光伏发电装机容量将达到 28 亿 kW，在世界电源年发电量结构中占比达到 14%。

2030—2060 年，**光伏发电技术全面商业化应用，**晶硅电池转换效率接近极限，薄膜电池转换效率超过 30%，钙钛矿型、叠层等新型电池进入大规模商业应用阶段。**应用层面，光伏发电成为世界第二大电源，分布式光伏发电得到快速发展，成为德国等部分国家光伏发电的主要形式。**据 IRENA 预测，到 2050 年光伏发电装机容量将达到 62 亿 kW，仅低于风电装机容量。在区域层面，亚洲（主要是中国）将继续主导全球光伏发电市场，2050 年亚洲光伏发电装机容量占全球比重将超过 50%，其次是北美（20%）和欧洲（10%）。

（三）光热发电

2025 年前，槽式光热发电技术仍是主流，塔式光热发电关键技术将取得重要突破，**碟式光热发电主要应用于分布式发电领域。**预计到 2025 年，全球太阳能光热发电装机将超过 1700 万 kW。

2025—2030 年，**塔式光热发电技术逐步成熟，突破 650℃ 及以上的熔融盐显热储热技术，推动全球光热发电开始进入规模化发展阶段，碟式技术逐步成熟应用在分布式发电领域。**2030 年左右，预计全球光热发电进一步提速，但仍处于商业化应用初期，应用的重点领域转向塔式光热电站。预计 2030 年底，全球光热发电装机容量将达到 5200 万 kW，其发电量约占全球总电量的 0.4%；中国光热发电装机达 900 万 kW，提供约 0.3% 的发电量。

2030—2060 年，塔式光热发电技术进入成熟应用阶段，碟式技术进一步发展，应用在分布式发电领域。**光热发电成为可再生能源发电的主流技术之一，步入规模化发展阶段。**预计到 2060 年，全球光热发电装机规模将达到 6.52 亿 kW，主要分布在美国、中东、北非、印度和中国；中国光热发电装机容量将达到 2.5 亿 kW。

4.2.2 前沿技术发展趋势

（一）储能技术

2025 年前，储能应用仍主要以锂离子电池、铅蓄电池和液流电池为主，并开展超临界压缩空气储能、飞轮储能、钠硫电池、超级电容及超导储能的应用示范。

2030 年左右，**电化学储能性能大幅提升，成本进一步下降，储能系统实现百兆瓦级规模应用。**锂离子电池能量密度达到 200～250W·h/kg，循环次数达到 8000～10 000 次；铅炭电池能量密度为 40W·h/kg，循环次数为 4000～5000 次；液流电池效率提升至约 80%，功率密度达 40W/kg，储能系统实现百兆瓦级规模应用。电化学储能成本进一步下降，其中锂离子电池储能成本进一步下降至 100～150 美元/（kW·h），达到抽水蓄能水平。**飞轮储能、超级电容器初步实现商业化应用，压缩空气储能（储罐式）、氢储能初步实现规模化应用。**

远期，**复合锂负极等新体系电池技术实现规模化应用，**进一步提升锂离子电池能量密度和循环次数，分别达到 300～350W·h/kg 和 10 000～12 000 次，储能成本进一步下降至 70～100 美元/（kW·h）；**铅炭电池、全钒液流电池技术完全成熟，满足大规模储能工程化应用；超级电容器、氢储能等实现大规模应用。**同时，将开发出具备高安全、长寿命、低成本特征的新一代储能技术，实现新概念储能技术（如液体电池、镁基电池、超导储能等）的重大突破，全面满足不同电网应用场景的技术要求。

（二）氢能技术

制氢环节：近期仍将以化石能源制氢为主，电解制氢是中远期发展方向，尤其是可再生能源制氢。 近期来看电制氢成本仍然较高，制氢仍以化石能源为主。中远期来看，随着质子交换膜（PEM）等电解水技术逐步实现商业化，将成为未来制氢主要方式。考虑到化石能源发电制氢存在 CO_2 排放，可再生能源发电制氢的占比将会进一步提高。

储运氢环节：近期以可灵活应用的气氢拖车和液氢罐车储运方式为主，中远期逐步转向低成本管道运输。 近期来看氢储存仍将以 70MPa 气态方式为主，辅以低温液氢，输运以车运为主。中远期来看，氢的储运将由高压气态、液态氢罐为主逐步转变为低成本管道运输。

用氢环节：燃料电池近期以交通领域为先导，汽车先商用后乘用，中远期实现燃料电池在船舶等非道路交通的广泛应用。 近期来看，与电动汽车相比，在乘用车领域没有竞争优势，但可以发挥高续航、高储能的优势，在长距离运输、高重量承载的物流车/公交车等商用车领域实现推广。中远期来看，燃料电池汽车将从商用车领域延伸到乘用车领域，与电动汽车长期共存、互为补充。根据世界氢能委员会发布的《氢能源未来发展趋势调研报告》，2030 年世界燃料电池乘用车将达到 1000 万～1500 万辆。同时，也有望实现燃料电池在船舶、飞机等非道路交通的应用。

电力系统调节资源：考虑电制氢和氢储存可以起到灵活性负荷和长时间能量储存调节作用，中远期将为系统在高比例可再生能源发展阶段中提供优质系统调节资源。 一方面，电制氢作为可控负荷，调节性能优异，可用于系统调峰、调频。例如，质子交换膜电制氢设备的调峰深度可达到 100%～160%，爬坡速率为 100%/s，冷启动时间为 5min。另一方面，氢能适用于大规模和长周期储能，可提升未来高比例新能源情景下的调节能力。氢能储能规模可从千瓦级到吉瓦级，若采用洞穴氢储存，存储能力可达百吉瓦时，储能时间可从几小时到几个月，可实现跨季节储能调峰。

4.2.3 碳减排技术发展趋势

2030 年前，**富氧燃烧技术和燃烧前捕集技术进一步成熟**，捕集系统不断缩小，捕集效率提升至 95％以上，突破能耗难关，降低运营成本。此外，**捕集后二氧化碳的利用研究取得突破性进展**，CO_2 制化肥、油田驱油、食品级应用等二氧化碳的利用途径逐步成熟，市场竞争力得到提升。

2030—2040 年，**燃烧后 CO_2 捕集技术呈现大型化发展趋势，进入成熟应用阶段；富氧燃烧技术和燃烧前捕集技术取得突破性进展**，成本明显下降，应用范围进一步拓宽至 CO_2 制聚合物、CO_2 甲烷化重整、CO_2 加氢制甲醇、海藻培育、动力循环等，并步入项目示范阶段。同时，碳排放市场不断成熟，二氧化碳运输、存储与监督等相关法律和法规不断完善，推动 CCUS 技术规模化推广。

2040—2060 年，CCUS 技术保持迅猛发展势头，广泛应用于煤化工、电力等领域，CCUS 与氢气生产、生物能与 CCUS 技术、直接空气捕集等具有前景的技术将进一步促进 CCUS 的商业化、规模化的新应用，**排放权交易机制不断成熟，相关法律法规较为健全，推动 CCUS 技术进入大范围商业化推广阶段**。

4.3 不同类型能源转型技术成本分析

4.3.1 新能源技术成本分析

本部分度电成本是对项目全生命周期内的成本（包括投资成本、运维成本、燃料成本）和发电量进行平准化后计算得到的发电成本，侧重于技术层面成本比较，未考虑所得税、财务成本、补贴、残值等方面的影响。国内开展风光平价比较时通常采用经营期电价法，与度电成本相比，经营期电价充分考虑投资成本、运维成本、燃料成本、折旧、财务成本、增值税、所得税以及税收优惠政策等，多用于测算某一个地区发电技术的政策支持电价，支撑当地电价制定。本部分度电成本历史成本数据源于 IRENA 报告，度电成本预测数据源于彭博（Bloomberg）。

（一）风力发电

如图 4-5 所示，2020 年世界陆上风力发电单位千瓦造价为 1355 美元/kW[1]，比 2010 年（1971 美元/kW）下降了 31%；度电成本为 0.039 美元/（kW·h），比 2010 年 [0.089 美元/（kW·h）] 下降了 56%。世界主要区域陆上风力发电度电成本低于 0.05 美元/（kW·h）的地区有亚洲（中国、印度）、欧洲（芬兰、瑞士）、北美（美国）、非洲（埃及）、南美洲（阿根廷和巴西）。中国陆上风力发电度电成本为 0.037 美元/（kW·h），巴西陆上风力发电度电成本为 0.041 美元/（kW·h），印度陆上风力发电度电成本为 0.040 美元/（kW·h）。

图 4-5　2010—2020 年世界陆上风力发电成本变化趋势

---

[1]　以 2020 年美元价格为基准，下同。

如图4-6所示，2020年世界海上风力发电单位千瓦造价3185美元/kW，比2010年（4706美元/kW）下降了32%；度电成本为0.084美元/（kW·h），比2010年［0.162美元/（kW·h）］下降了48%。荷兰海上风力发电度电成本世界最低，为0.067美元/（kW·h），其他海上风力发电发展较好的欧洲国家，比利时、丹麦、德国、英国的海上风力发电度电成本分别为0.087、0.088、0.093、0.115美元/（kW·h）。亚洲地区，中国海上风力发电度电成本为0.085美元/（kW·h），日本海上风力发电度电成本为0.200美元/（kW·h）。

图4-6　2010—2020年世界海上风力发电成本变化趋势

2050年世界陆上风力发电度电成本基本在0.013～0.047美元/（kW·h）之间。根据彭博预测，如图4-7所示，2021—2050年世界陆上风力发电度电成本将下降35%～64%。到2050年，巴西陆上风力发电成本最低，为0.01美元/（kW·h）；美国陆上风力发电度电成本为0.023美元/（kW·h）；中国陆上风力发电度电成本为0.022美元/（kW·h）；德国陆上风力发电度电成本为0.026美元/（kW·h）；日本陆上风力发电度电成本为0.046美元/（kW·h）。

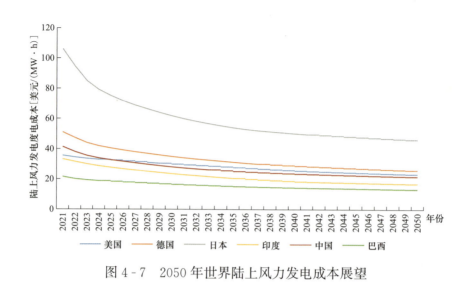

图 4-7　2050 年世界陆上风力发电成本展望

（二）光伏发电

如图 4-8 所示，2020 年世界大型地面光伏单位千瓦造价为 883 美元/kW，比 2010 年（4731 美元/kW）下降了 81%；度电成本 0.057 美元/（kW·h），比 2010 年［0.381 美元/（kW·h）］下降了 85%。2020 年，印度大型地面光伏发电成本世界最低，单位千瓦造价为 596 美元/kW，度电成本为 0.038 美元/（kW·h）。其次是中国，为 651 美元/kW，度电成本为 0.044 美元/（kW·h）。俄罗斯光伏造价世界最高，为 1889 美元/kW；其次是日本，为 1832 美元/kW。韩国、法国、墨西哥、土耳其、意大利、西班牙、德国光伏造价均低于 1000 美元/kW。美国光伏造价为 1101 美元/kW，澳大利亚为 1061 美元/kW。

2020 年，世界居民光伏发电度电成本基本在 0.055～0.236 美元/（kW·h）之间，其中印度、中国、澳大利亚、马来西亚依次最低，分别为 0.055、0.063、0.069、0.089 美元/（kW·h）。2020 年，世界商业光伏（500kW 及以下）度电成本基本在 0.055～0.190 美元/（kW·h）之间，印度和中国依次最低，分别为 0.055、0.060 美元/（kW·h），美国马萨诸塞州最高，高达 0.190 美元/（kW·h）。

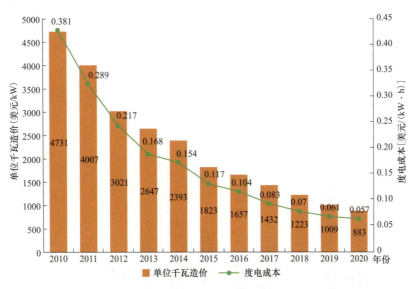

图 4-8　2010—2020 年世界光伏成本变化趋势

2050 年世界大型地面光伏成本基本在 0.011～0.036 美元/（kW·h）之间。根据彭博预测，如图 4-9 所示，2021—2050 年世界大型地面光伏度电成本将下降 53%～67%。2050 年，美国大型地面光伏度电成本为 0.02 美元/（kW·h），印度大型地面光伏度电成本为 0.021 美元/（kW·h），中国大型地面光伏度电成本为 0.026 美元/（kW·h），英国大型地面光伏度电成本为 0.034 美元/（kW·h）。

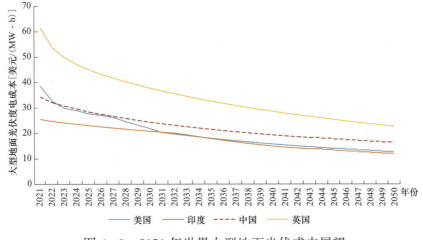

图 4-9　2050 年世界大型地面光伏成本展望

（三）光热发电

如图 4-10 所示，2020 年世界光热单位千瓦造价为 4581 美元/kW，比 2010 年（9095 美元/kW）下降了 50%；度电成本 0.110 美元/（kW•h），比 2010 年［0.340 美元/（kW•h）］下降了 47%。

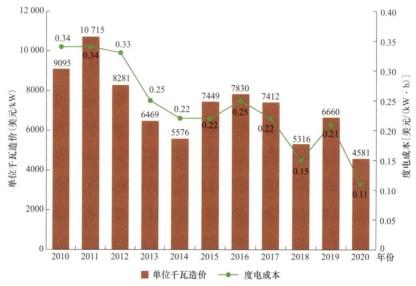

图 4-10　2010—2020 年世界光热成本变化趋势

据 IRENA 预测，光热发电技术度电成本下降空间巨大，到 2030 年 G20 国家光热电站成本将降至 0.086 美元/（kW•h）。光热发电成本范围也将从 0.077～0.357 美元/（kW•h）缩小至 0.044～0.214 美元/（kW•h）。但考虑到光热电站效率提升，生产设备技术进步和产业链完善，预计到 2050 年全球光热发电的平均度电成本有望降至 0.030～0.127 美分/（kW•h）。

4.3.2　前沿技术成本分析

电化学储能近年来成本大幅下降，但目前造价仍然较高。2012—2018 年，电池本体成本年均下降 15%，储能系统双向变流器（PCS）、土建等其他成本年均下降 25%。根据实际储能电站造价数据（包括河南 10 万 kW 项目、江苏 10 万 kW 项目，以及甘肃、福建等储能工程），按照与抽水蓄能相同充放电时间折算，目前其单位千瓦投资为 1.1 万～1.3 万元/kW。经测算，目前电化学储能全寿命周期度电成本为 0.6～0.8 元/（kW·h），是抽水蓄能的 2～3 倍。

2050 年世界 4h 电化学储能度电成本基本在 0.049～0.159 美元/（kW·h）之间。根据彭博预测，如图 4-11 所示，2021－2050 年 4h 电化学储能度电成本将下降 58%～63%。2050 年，美国 4h 电化学储能度电成本为 0.049 美元/（kW·h）；印度 4h 电化学储能度电成本为 0.063 美元/（kW·h）；中国 4h 电化学储能度电成本为 0.053 美元/（kW·h）；英国大型地面光伏度电成本为 0.058 美元/（kW·h）。

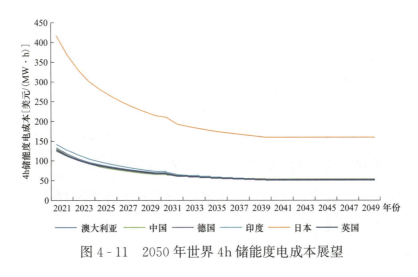

图 4-11　2050 年世界 4h 储能度电成本展望

4.3.3　碳减排技术成本分析

到 2030 年，CCUS 技术的成本将保持下降趋势，根据亚行预测，第一代捕集技术的成本降低至 30～35 美元/t；第二代捕集技术的成本降低至 40～45 美元/t。此外，通过推进 CO_2 管道基础设施建设，并提升管道内压力，250km 运输成本降低至 4～6 美元/t CO_2。

根据亚行预测，2040 年第一代、第二代捕集技术的成本降低至 25～30 美元/t。此外，CO_2 管道基础设施建设较为完善，250km 运输成本降低至 3～4 美元/t CO$_2$。

随着 CCUS 技术进步、规模效应带来的安装和运维成本降低，**长期来看，CCUS 成本仍有较大下降空间。预计到 2060 年，第二代捕集技术的成本降低至 10～15 美元/t**。此外，通过提高石油和煤层气的采收率会有潜在的额外收益。

4.4　小结

（1）风力发电技术继续在机组大型化、低风速、提高海上开发能力、极端环境适应性、电网友好性等方面进一步发展并取得突破；应用重点仍是陆上风力发电，同时推动海上风力发电、风力发电供热、风力发电制气、风力发电海水淡化等多样化应用形式发展；风力发电布局进一步向亚太地区转移，亚洲主导全球陆上风力发电和海上风力发电市场。

预计到 2060 年，陆上风力发电机组单机容量达到 20～25MW，海上风力发电机组最大单机容量达到 50～55MW、最低运行温度可达－60～－70℃；同时在稳定电网电压、提供系统惯量、支撑电网频率等方面发挥重要作用。风力发电继续保持平稳发展势头，提供全球约 35% 的发电量。亚洲（主要是中国）将继续主导全球陆上风力发电市场，2050 年亚洲陆上风力发电装机容量占全球总量的比重将超过 50%，其次是北美（23%）和欧洲（10%）。对于海上风力发电，2050 年亚洲海上风力发电装机容量占全球总量的比重将达到 60%，其次是欧洲（22%）和北美（16%）。

（2）光伏电池板的材料水平快速进步，光伏发电技术和装备日益成熟，逐步实现全面商业化应用；应用重点仍是集中式光伏发电，分布式光伏发电在德国等部分国家逐步发展为主要模式；2050 年，光伏发电成为全球第二大电源，亚洲光伏发电装机占全球比重超过 50%。

到 2060 年，光伏发电技术全面商业化应用，晶硅电池转换效率接近极限，薄膜电池转换效率超过 30%，钙钛矿型、叠层等新型电池进入大规模商业应用阶段。应用层面，分布式光伏发电得到快速发展，成为德国等部分国家光伏发电的主要形式。据 IRENA 预测，2050 年光伏发电将成为全球第二大电源（风电为第一大电源），装机容量将达到 62 亿 kW。在区域层面，亚洲（主要是中国）将继续主导光伏发电市场，2050 年亚洲光伏发电装机容量占全球的比重将超过 50%，其次是北美（20%）和欧洲（10%）。

（3）光热发电技术在提高光学聚光比、优选传热储热介质、提高运行参数等方面进一步发展和突破。技术进步推动光伏发电大规模发展，逐步成为可再生能源发电的主流技术之一，2060 年全球光热发电装机规模将达到 6.52亿 kW。

2025－2030 年，塔式光热发电技术逐步成熟，突破 650℃ 及以上的熔融盐显热储热技术，推动全球光热发电开始进入规模化发展阶段，碟式技术逐步成熟应用在分布式发电领域。2030－2060 年，塔式光热发电技术进入成熟应用阶段，碟式技术进一步发展，应用在分布式发电领域。光热发电成为可再生能源发电的主流技术之一，步入规模化发展阶段。预计到 2060 年，全球光热发电装机规模将达到 6.52 亿 kW，主要分布在美国、中东、北非、印度和中国；中国光热发电装机容量将达到 2.5 亿 kW。

（4）电化学储能方面，近中期以锂离子、铅蓄和液流电池为主，远期新一代储能技术将实现突破；氢能方面，考虑电制氢和氢储存可以起到灵活性负荷和长时间能量储存调节作用，中远期将为系统在高比例可再生能源发展阶段中提供优质系统调节资源。

近期，储能应用仍主要以锂离子电池、铅蓄电池和液流电池为主，并开展超临界压缩空气储能、飞轮储能、钠硫电池、超级电容及超导储能的应用示范。远期将开发出具备高安全、长寿命、低成本特征的新一代储能技术，实现新概念储能技术（如液体电池、镁基电池、超导储能等）的重大突破，全面满足不同电网应用场景的技术要求。

在制氢环节，近期仍将以化石能源制氢为主，电解制氢是中远期发展方向，尤其是可再生能源制氢；用氢环节，燃料电池近期以交通领域为先导，汽车先商用后乘用，中远期实现燃料电池在船舶等非道路交通的广泛应用；考虑电制氢和氢储存可以起到灵活性负荷和长时间能量储存调节作用，中远期将为系统在高比例可再生能源发展阶段中提供优质系统调节资源。

5

G20 能源转型进展评价分析

5.1 能源转型评价模型构建

当前，随着应对气候变化成为世界各国共识，推动清洁低碳能源发展和化石能源清洁发展是现代能源体系建设的重中之重。能效是第一能源，也是最清洁的能源，国际可再生能源署（IRENA）《世界能源转型展望——1.5℃路径》报告中指出在 2050 年净零目标下能效减排贡献达 25%，与可再生能源（发电和直接利用）持平。能源安全是国家安全的重要组成部分，对国家繁荣发展、人民生活改善、社会长治久安至关重要，是一个国家能源转型需要牢牢守住的底线。2021 年 10 月 21 日，习近平总书记在胜利油田考察时提出，"能源的饭碗必须端在自己手里"。"清洁""低碳""安全""高效"四个维度，犹如东西南北四个方向，共同确立了现代能源体系的基本构架。这四个维度与国际上通行的"环境、经济、安全"能源三角有相通之处，但从目前来看，四个维度的系统性更加符合新时代能源发展的客观需要。

课题组立足长期气候目标，从能源结构、能源环境、能源效率、能源安全 4 个维度出发，构建能源转型评价模型，体现清洁、低碳、安全、高效的能源转型总体方向。结合数据可获取等因素考虑，能源结构选取非化石能源在一次能源消费中占比、可再生能源发电占比、电能在终端能源消费中占比 3 个二级关键指标；能源环境选取碳排放降幅❶、碳排放强度、人均碳排放 3 个二级关键指标；能源效率选取单位 GDP 能耗、人均能耗、能源系统加工转换整体效率 3 个二级关键指标；能源安全选取能源自给率作为关键指标。二级指标共计 10 个，能源转型指标体系如表 5 - 1 所示。

---

❶ 相对 1990 年降幅。

表 5 - 1　　　　　　　　　　　能 源 转 型 指 标 体 系

目标层	一级指标	二 级 指 标	指 标 属 性
能源转型评价	能源结构 (I1)	非化石能源在一次能源消费中占比	正指标
		可再生能源发电占比	正指标
		电能在终端能源消费中占比	正指标
	能源环境 (I2)	碳排放降幅	正指标
		碳排放强度	逆指标
		人均碳排放	逆指标
	能源效率 (I3)	单位 GDP 能耗	逆指标
		人均能耗	逆指标
		能源系统加工转换整体效率	正指标
	能源安全 (I4)	能源自给率	正指标

根据上述评价指标体系，可以看出不同类别的指标间具有相关性。考虑到这一特点，采用网络层次分析方法确定各指标的权重。一级指标的权重如表 5 - 2 所示。

表 5 - 2　　　　　　　　　　一 级 指 标 的 权 重

目 标 层	指 标 层	权 重
能源转型评价	能源结构	0.35
	能源环境	0.25
	能源效率	0.24
	能源安全	0.16

对于各指标间重要性的判断，在 Super Decision 软件中专家采用九分法进行判定。二级指标的权重如表 5 - 3 所示。

表 5-3 　　　　　　　　　　二 级 指 标 的 权 重

目标层	一级指标	二 级 指 标	二级权重
能源转型评价	能源结构（I1）	非化石能源在一次能源消费中占比	0.38
		可再生能源发电占比	0.26
		电能在终端能源消费中占比	0.36
	能源环境（I2）	碳排放降幅	0.34
		碳排放强度	0.33
		人均碳排放	0.33
	能源效率（I3）	单位 GDP 能耗	0.35
		人均能耗	0.30
		能源系统加工转换整体效率	0.35
	能源安全（I4）	能源自给率	1.00

5.2　G20 能源发展总体概况

G20 占全球经济的 86%、碳排放的 80%，是推进世界能源转型、实现《巴黎协定》目标的关键力量。 二十国集团（G20）由七国集团财长会议于 1999 年倡议成立，由阿根廷、澳大利亚、巴西、加拿大、中国、法国、德国、印度、印度尼西亚、意大利、日本、韩国、墨西哥、俄罗斯、沙特阿拉伯、南非、土耳其、英国、美国以及欧盟 20 方组成，G20 涵盖了全球主要经济体。2019 年，G20 人口占全球的 63%；GDP 占全球的 86%；一次能源消费 161.8 亿 tce，占全球的 78%；能源相关碳排放 270.7 亿 t，占全球的 80%。G20 除了土耳其、俄罗斯外[1] 均向联合国提交了国家自主贡献（NDC），其中欧盟、法国、德国、英国、美国、加拿大、中国、韩国、日本、南非 10 方以纳入国家法律、提交协定或政策

---

[1]　土耳其尚未批准《巴黎协定》，俄罗斯于 2019 年 9 月 25 日批准《巴黎协定》。

宣示的方式正式提出了气候中和或碳中和相关承诺。

G20 持续关注清洁能源转型和气候变化，形成了以领导人峰会为战略决策、能源部长会议为主导、能源转型工作组和气候可持续工作组会议为支撑的层级体系。2008 年 G20 首次领导人峰会的公报中就提出成员国将致力于应对能源安全和气候变化。G20 对能源议题的涉及面不断扩大，从早期的维护化石能源市场稳定、取消低效化石能源补贴，逐步扩大到可再生能源、能源可及性、能效、环境保护等各类议题。G20 设立能源转型工作组，每年召开两次工作会议，参会者主要为成员国的能源部门官员，主要职责是就 G20 关心的能源议题展开充分磋商。能源部长会议从 2015 年开始举办，每年一次，主要职责是发布会议公报，就 G20 能源发展提出具体的目标和方案，同时将当年的重要共识、重点建议报送给协调人会议，供最终 G20 领导人峰会采用。目前 G20 能源部长会议已连续举办 6 次，2016 年 G20 能源部长会议在北京召开，形成了四项成果，包括一个主文件和三个附属文件。主文件是《2016 年 G20 能源部长会议北京公报》，三个附属文件分别是《加强亚太地区能源可及性：关键挑战与 G20 自愿合作行动计划》《G20 可再生能源自愿行动计划》和《G20 能效引领计划》。2021 年能源和环境部长会议在意大利那不勒斯召开，各国对脱碳共识一致，形成 58 点共识，但对于淘汰煤电时间，欧美、日本和加拿大提出的在 2030 年前把气候变暖控制在 1.5℃以内和在 2025 年实现能源生产零碳化目标，方未能达成一致。

G20 化石能源消费占比长期高达 82% 以上，近三十年仅下降了 0.2 个百分点，距离《巴黎协定》2030 年化石能源占比 67%、2050 年 33% 的目标面临很大挑战。2019 年，G20 一次能源消费比上年增长 1.1%，近 10 年年均增速为 1.6%。2019 年 G20 化石能源消费占比为 82.7%，较 1990 年仅下降了 0.2 个百分点。其中，煤炭消费占比为 30.2%，较 1990 年上升了 2.4 个百分点，煤炭消费在 2011 年占比达到历史最高，为 33.7% 后呈下降趋势；石油消费占比为 31.6%，较 1990 年下降了 5.0 个百分点；天然气消费占比为 20.9%，较 1990 年上升了 2.6 个百分点。G20 涵盖了 2019 年前十大能源消费国的九国（伊朗除外)、前六大原煤消费国、前十大原油消费国的九国（沙特除外）、前四大天然气消费国。另外，2019 年，G20 可再生能源占比为 11.5%，较 2010 年上升了 1.8 个百分点，核电占比为 5.8%，核电 2000 年后呈下降趋势，尤其是福岛核事故后，韩国、日本大幅降低核电比例。图 5-1 显示了 G20 1990—2019 年一次能源消费结构。

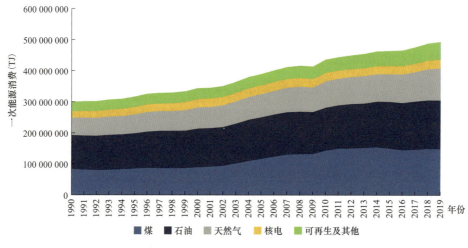

图 5-1　G20 1990—2019 年一次能源消费结构

G20 近三十年在能源消费大幅增长驱动下碳排放总量、人均碳排放大幅增长，但得益于提高能效、推进能源清洁转型等多重努力，碳排放强度、能耗大幅下降。2019 年，G20 能源相关 CO_2 排放 270.2 亿 t，比上年下降 0.5%，较 1990 年增长了 61.3%，近 10 年年均增速为 1.3%；G20 人均碳排放为 5.6t CO_2/人，比上年下降 1.1%，较 1990 年增长了 22.2%，近 10 年年均增速为 0.5%；G20 碳排放强度为 0.37kg/美元（汇率，2015 年不变价），较 1990 年下降了 30.2%，近 10 年年均降幅为 1.5%；G20 单位 GDP 能耗较 1990 年下降了 35.9%，近 10 年年均降幅为 1.7%；G20 单位能源 CO_2 较 1990 年增长了 0.2%，近 10 年年均降幅为 0.1%。G20 能源相关碳排放大幅增长主要在于能源消费快速增长，2019 年一次能源消费增长较 1990 年增长了 61.0%，但由于人口也呈增长趋势，2019 年 G20 人口较 1990 年增长了 31.9%，人均碳排放增

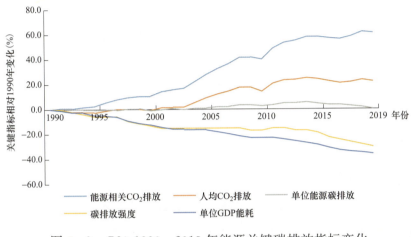

幅水平相对下降。碳排放强度、单位 GDP 能耗大幅下降，反映了 G20 国家在提高能效、推进清洁能源转型方面取得了显著成效。图 5-2 显示了 G20 1990—2019 年能源关键碳排放指标变化。

图 5-2　G20 1990—2019 年能源关键碳排放指标变化

5.3　G20 能源转型评价分析

全球第一部温室气体减排法案是 1997 年通过的《京都议定书》，提出以 1990 年为基准年，发达国家 2008—2012 年期间温室气体排放量比 1990 年平均减少 5.2%。欧盟、英国许多国家后续减排目标也是以 1990 年为基准年，比如欧盟《欧洲绿色协议》中提出 2030 年温室气体排放量在 1990 年基础上减少 50%～55%。因此，本节选取 1990 年为基准年，对比分析 G20 1990、2000、2019 年在能源结构、能源环境、能源效率、能源安全维度转型进展。

巴西、加拿大得益于自身资源禀赋，在能源结构、能源安全维度表现突出。巴西、加拿大清洁能源占比高，主要是水电占比高，2019 年巴西、加拿大可再生发电占比分别为 82%、66%。巴西、加拿大油气资源丰富，都是能源净出口国家。但是，巴西碳排放仍在增长中，加拿大人均碳排放较高，人均能耗

G20 最高。

英国、欧盟得益于在应对气候方面积极努力，能源环境、能源效率维度表现突出，但能源安全、低碳可负担问题应引起重视。能源发展永远面临清洁、低碳、经济三要素的权衡问题，德国近 20 年居民电价上涨 90%，平均销售电价上涨 23%；英国近 15 年居民电价上涨 60%，平均销售电价上涨 51%。由于化石能源投资疲软，而新能源受天气影响大，2021 年上半年欧洲出现能源短缺〔一次能源和二次能源（电力）同时短缺〕并逐渐演变成为蔓延全球能源危机，10 月欧盟批发电价均值较 6 月初上涨约 50%。英国 9 月批发电价高达 240 英镑/（MW•h），较年初峰值高 1.5 倍，今冬或有 350 万家庭陷入"能源贫困"（指家庭能源支出超过净收入的 10%）。

亚洲国家总体化石能源消费占比高，中国在能源结构、能源效率、能源环境维度调整成效显著。当前，中国、印度煤炭占比仍超过 50%。但是，中国近年大力发展新能源，光伏、风电装机跃居世界第一，可再生能源发电占比大幅提升，同时中国积极推进终端电气化，电能占终端能源消费比重仅次于日本，能源结构调整成效显著；在能源环境方面，中国人均碳排放不到美国的一半，碳排放强度降幅超 30%，中国提出了 2030 年碳达峰、2060 年碳中和目标；在能源效率方面，中国人均能耗水平低，单位 GDP 能耗在 G20 中降幅最大。但是，在能源安全方面，中国和印度在经济快速增长驱动下，一次能源消费大幅增长，对油气进口依赖加大。日本能效水平高，电能占终端能源消费比重最高。但是，日本和韩国能源消费以油气为主，且高度依赖进口，福岛核电站事故后大幅缩减核电，对化石能源更加依赖，在能源结构、能源环境、能源安全维度评分较低。

美国、俄罗斯、中东等国家（地区）油气资源丰富，能源安全水平高，但能源利用方式粗放，能源效率水平低。美国、俄罗斯、沙特阿拉伯是能源净出口国家，油气资源丰富，一次能源消费中油气消费占比较高，美国油气消费占比超过 70%，俄罗斯、沙特阿拉伯油气消费占比超过 99%。美国、俄罗斯、沙特阿拉伯能源利用方式较为粗放，在能源结构、能源效率、能源环境维度得分较低。

5.3.1 能源结构

能源结构调整是能源清洁低碳转型重要抓手，不仅需要在供应端大幅提高非化石能源消费和可再生能源发电比例，也需要在终端大幅提高电气化水平。图 5-3 显示了 G20 2019 年一次能源消费分品种结构。图 5-4～图 5-6 分别显示 G20 1990、2019 年非化石能源在一次能源消费中占比、电能在终端能源消费中占比、可再生能源发电占比。

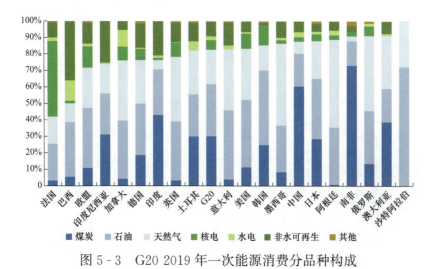

图 5-3 G20 2019 年一次能源消费分品种构成

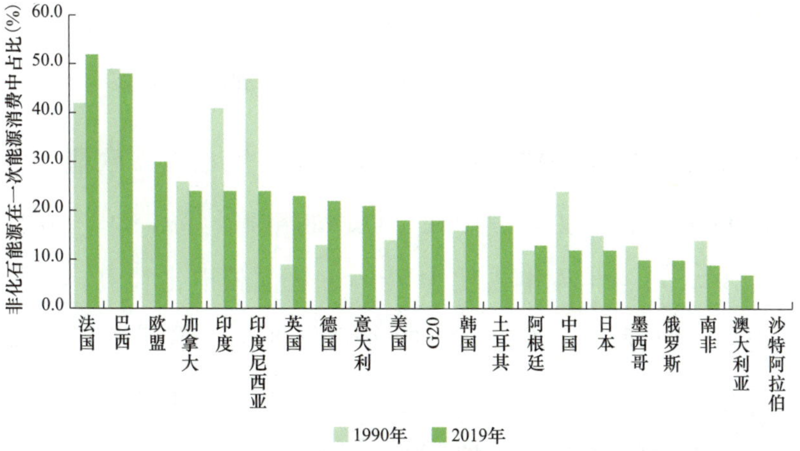

图 5-4 G20 1990、2019 年非化石能源在一次能源消费中占比对比

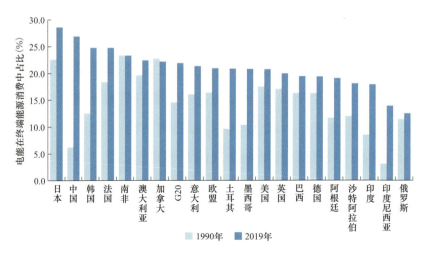

图 5-5　G20 1990、2019 年电能在终端能源消费中占比

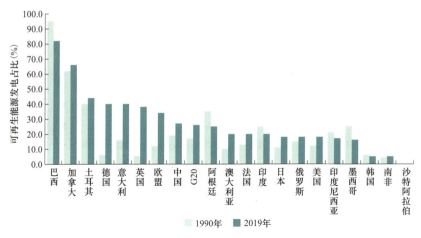

图 5-6　G20 1990、2009 年可再生能源发电占比

能源结构综合得分处于前两档主要是巴西、加拿大、欧盟。巴西能源结构综合得分居 G20 之首，主要原因在于巴西水电占比高，2019 年巴西非化石能源占比为 48％，可再生发电占比为 82％。法国核电占比高，能源结构综合评分仅次于巴西，处于二档首位，2019 年法国非化石能源占比为 52％。加拿大能源结构综合评分处于 G20 第三，主要原因也是水电占比高。英国、欧盟国家能源结构综合评分处于第二档，欧盟近年大力发展可再生能源，大幅推

进"弃煤"，能源结构调整最为显著，在 G20 中能源结构综合得分较 1990 年增幅最大。

中国、日本、印度、美国、韩国能源结构评分处于第三档。中国、印度煤炭占比仍超过 50%。但是，中国近年大力发展新能源，光伏、风电装机跃居世界第一，同时积极推进终端电气化，能源结构综合得分变化仅次于欧盟。美国油气消费占比超过 70%。日本、韩国能源消费以油气为主，福岛核电站事故后大幅缩减核电，对化石能源更加依赖。俄罗斯、沙特阿拉伯由于油气资源丰富，化石能源消费占比超过 99%，能源结构评分处于 G20 末尾。

法国、巴西、欧盟非化石能源在一次能源消费中占比较高。法国非化石能源消费以核电为主，巴西非化石能源以水电、生物质等可再生能源消费为主，占比高达 48.1%；欧盟非化石能源消费以核电和生物质、光伏等非水可再生能源为主，欧盟近 30 年非化石能源消费占比上升了 13 个百分点，增幅最大。

中国电能在终端能源消费中占比 2019 年已达 26.9%，仅次于日本居第二。2019 年，日本（28.6%）、中国（26.9%）、韩国（24.8%）电能在终端能源消费中占比依次最高。印度尼西亚、俄罗斯电能在终端能源消费中占比较低，分别为 13.9%、12.5%，印度尼西亚终端生物质消费占比较高（15.8%）；俄罗斯气候寒冷，热能消费占比较高（20.2%）。近三十年中国电能在终端能源消费中占比上升最快，提高了 20 个百分点。

巴西、加拿大可再生能源发电占比遥遥领先，近年在风电、光伏大力发展驱动下欧盟、中国可再生能源发电占比大幅提升。巴西、加拿大可再生能源占比位居 G20 前二，分别为 82%、66%，远高于其他 G20 方，加拿大、巴西都以水电消费为主，水电消费占比超过 50%。近三十年，德国、英国、欧盟可再生能源发电占比大幅提升，分别上升了 37、36、22 个百分点。欧盟很多国家制定了煤电退出计划和可再生能源发电占比的目标。欧盟已有 3 个国家正式退出煤电，分别为比利时、瑞典、奥地利，另外有 11 个国家计划在 2030 年前退煤，波兰计划在 2049 年前退煤。法国计划在 2022 年前退煤，可再生能源发电占比在目前 20％基础上到 2030 年翻倍，达到 40％。德国计划在 2038 年前退煤，2030 年可再生能源发电占比达 65％。英国计划在 2024 年退煤。

美国尚未明确退煤计划和可再生能源长期发展目标，但 2011—2019 年期间有 95GW 煤电已关停或被更便宜的天然气和可再生能源发电厂替代。**印度** 2018 年制定的国家电力规划中提出 2022 年前增加 46GW 煤电，按此规划 2027 年印度煤电占比将达到 38％。**中国**国家主席习近平在 2021 年 4 月 22 日"领导人气候峰会"提出在"十四五"严控煤炭消费增长，"十五五"逐步减少。

5.3.2 能源环境

能源环境主要反映能源相关 CO_2 排放水平，《联合国气候变化框架公约》确立了"共同但有区别的责任"原则，减排责任不只看总量还要看人均，人均水平代表发展权和排放权，对于发展中国家要充分兼顾发展权和排放权。欧盟、俄罗斯、美国等 G20 提交了基于水平年降幅的温室气体自主贡献目标；中国和印度提交了基于碳排放强度降幅的国家自主贡献目标。因此，综合以上能源环境选取能源相关 CO_2 排放降幅、碳排放强度、人均碳排放来综合评估各国能源环境水平。

（一）碳排放降幅

自 1990 年以来，英国、欧盟能源相关碳排放降幅超过 25％，中国、印度翻了 2 倍多。1990—2019 年期间，G20 CO_2 排放平均增长了 61.3％。其中，中国（367.2％）、印度尼西亚（344.3％）、印度（335.7％）、沙特阿拉伯（227.7％）CO_2 排放至少翻 1 倍；英国、欧盟碳排放分别下降 37.7％、25.6％。美国 2009 年达峰，2019 年已降至 1990 年水平。图 5 - 7 显示了 G20 1990、2019 年能源相关 CO_2 排放及变化。

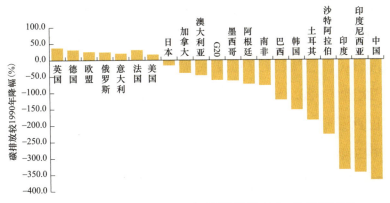

图 5-7　G20 1990、2019 年能源相关 CO_2 排放及变化

欧盟、俄罗斯、美国等 G20 提交了基于水平年温室气体降幅的 NDC 目标。 欧盟、英国、德国、法国、意大利 2015 年提交的 NDC 目标为 2030 年温室气体排放较 1990 年下降 40%，2019 年较 1990 年已分别下降了 25.6%、37.7%、31.5%、14.9%、20.6%。俄罗斯目标是在 2030 年前温室气体排放较 1990 年下降 25%～30%。日本目标是在 2030 年 CO_2 排放较 2013 年下降 26%，2019 年日本能源相关 CO_2 排放较 2013 年仅下降了 1.8%，目前差距较大。澳大利亚目标是在 2030 年温室气体排放较 2005 年下降 26%～28%，澳大利亚 2019 年能源相关 CO_2 排放较 2005 年增长了 4.2%。美国目标是在 2025 年温室气体排放较 2005 年下降 26%～28%，2019 年美国能源相关 CO_2 排放较 2005 年已下降了 17%。

(二)碳排放强度

欧盟、美国等发达国家碳排放强度远低于南非、俄罗斯等发展中国家，近三十年中国降幅超过 30%。 2019 年，G20 碳排放强度平均水平为 0.37kg CO_2/美元（汇率计算，2015 年不变价，下同）。英国、法国碳排放强度最低，均为 0.11kg CO_2/美元，欧盟整体碳排放强度为 0.17kg CO_2/美元，不到 G20 平均水平的一半。美国、日本、加拿大、韩国等其他发达国家碳排放强度在 0.20～0.37kg CO_2/美元之间。南非、俄罗斯、印度、沙特阿拉伯碳排放强度较高，分别为 1.33、1.14、0.85、0.73kg CO$_2$/美元，是 G20 平均水平 2 倍多。中国碳排放强度为 0.68kg CO$_2$/美元。2009－2019 年，大部分 G20 方碳排放强度大幅下降，其中英国（－38.9％）、中国（－32.7％）、欧盟（－26.1％）、美国（－25.0％）、澳大利亚（－24.3％）降幅超过 20％。巴西是唯一碳排放强度上升国家，上升了 9.5％。图 5-8 显示了 G20 1990、2019 年碳排放强度及变化。

中国、印度基于碳排放强度提交了 NDC 目标。中国 2015 年提交的 IDC 目标是 2030 年碳排放强度较 2005 年下降 60％～65％，2019 年中国碳排放强度较 2005 年已下降了 42％；印度 2015 年提交的 NDC 目标是 2030 年碳排放强度较 2005 年下降 33％～35％，2019 年印度碳排放强度较 2005 年下降了 13％，距离目标还有 20 个百分点，需年均下降约 2 个百分点。

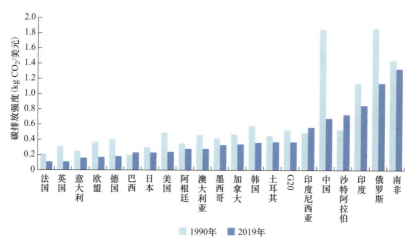

图 5-8　G20 1990、2019 年碳排放强度及变化

（三）人均碳排放

加拿大、澳大利亚、美国等发达国家人均碳排放较高，显著高于发展中国家，中国人均碳排放不到美国的一半。2019 年，G20 人均碳排放平均水平为 5.61t CO$_2$/人，2009－2019 年间上升 6.9％。加拿大（15.19）、澳大利亚（15.01t CO$_2$/人）、沙特阿拉伯（14.45t CO$_2$/人）、美国（14.44t CO$_2$/人）、俄

罗斯（11.36t CO_2/人）、韩国（11.33t CO_2/人）人均碳排放超过 10t CO_2/人。日本、南非、中国、欧盟人均碳排放分别为 8.37、7.75、7.06、5.81t CO_2/人。俄罗斯、南非是发展中国家，但人均碳排放高，主要原因在于单位 GDP 能耗较高，居 G20 前二。中国人均碳排放不到美国的一半，也低于韩国、日本、南非，略高于欧盟。发展中国家阿根廷、墨西哥、印度尼西亚、巴西、印度人均碳排放低于 4t CO_2/人，分别为 3.61、3.33、2.16、1.95、1.69t CO_2/人，显著低于 G20 水平，印度人均碳排放最低。

5.3.3 能源效率

能源效率反映了能源利用水平，IEA 在全球净零路线图中提出 2030 年前碳排放下降主要依赖成熟能效技术全面推广。从经济、物理维度分别选取基于单位 GDP 能耗、人均能耗、能源系统转化整体效率三个指标反映能源效率水平。

发达国家能源效率总体评分较高，尤其是欧盟，中国近年能效水平大幅提升。欧盟高度重视能效提升，尤其是建筑能效，《欧盟清洁能源一揽子计划》提出：从 2020 年 12 月 31 日起，所有新建筑必须以"几乎零能耗"的方式建造，同时促进住宅和工商业建筑推广"太阳能＋储能"发展模式。中国、印度等发展中国家能效处于第二档，近 30 年中国能效提升在 G20 最为显著，上升了 43.6％，主要得益于能耗大幅下降。俄罗斯、南非由于能源利用方式粗放，能源消费以化石能源为主，能源效率评分较低。

在单位 GDP 能耗方面，发达国家能耗不到发展中国家的 1/3；中国能耗降幅最大。2019 年，英国单位 GDP 能耗在 G20 中最低，为 0.055toe/千美元（按汇率计算，2015 年不变价，下同）。欧盟、日本等发达国家单位 GDP 能耗低于 0.1 toe/千美元。俄罗斯、南非、印度、沙特阿拉伯能源利用方式粗放，单位 GDP 能耗较高，超过 0.3 toe/千美元，是欧盟等发达国家 3 倍以上。1990－2019 年间，大部分国家单位 GDP 能耗大幅下降，超过 10％，反映了全球在积极推进能源清洁低碳转型和产业结构调整。其中，中国单位 GDP 能耗降幅最大，达 69.8%。中国计划在"十四五"期间单位 GDP 能耗再下降 13.5%。图 5-9 显示了 G20 1990、2019 年单位 GDP 能耗对比。

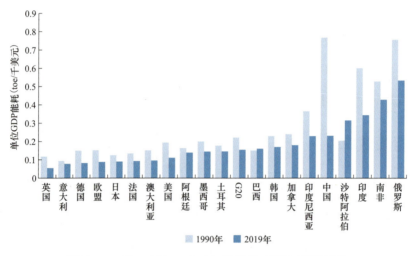

图 5-9 G20 1990、2019 年单位 GDP 能耗对比

在人均能耗方面，发达国家普遍高于发展中国家。人均能耗与经济发展存在一定正相关关系，经济越发达，人均能耗越高。但是，人均能耗存在一个合理经济值，超过这个值则被认为能源使用存在浪费，或者说是不经济的。欧盟经济发达，能源效率水平高，以欧盟人均能耗为基准（2019 年为 3.06toe/人），人均能耗超过欧盟越多，说明能源利用浪费越严重。加拿大、美国、沙特阿拉伯人均能源都比较高，2019 年人均能耗分别为 8.13、6.74、6.26toe/人，是欧盟的 2 倍多。G20 1990、2019 年人均能耗对比如图 5-10 所示。

在能源系统加工转化整体效率方面，G20 各方都保持在较高水平。2019 年，G20 能源系统加工转换整体效率平均水平为 67.1%，近 30 年小幅下降 3.1 个百分点。意大利（79.0%）、巴西（77.7%）、德国（75.3%）、英国（74.6%）、美国（71.8%）能源系统转换效率较高，超过 70%。法国（61.9%）、中国（61.7%）、南非（49.3%）能源系统加工转换效率相对较低，主要由于法国以核电为主，中国、南非以煤电为主，核电、煤电能源转

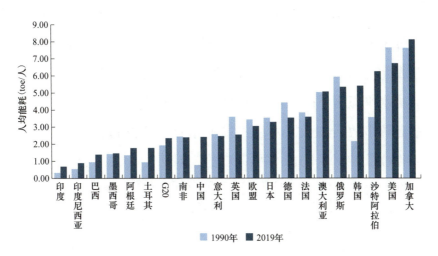

图 5-10　G20 1990、2019 年人均能耗

换效率在 30% 左右。图 5-11 显示了 G20 1990、2019 年能源系统加工转化整体效率对比。

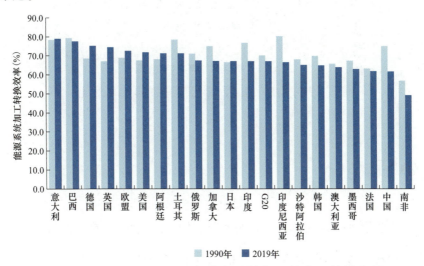

图 5-11　G20 1990、2019 年能源系统加工转化整体效率对比

5.3.4　能源安全

　　能源安全维度主要反映一个国家能源自给水平，通过能源自给率来反映。澳大利亚、沙特阿拉伯、俄罗斯、印度尼西亚、加拿大、南非、巴西、美国资

源禀赋好，油气、煤炭资源极为丰富，都是能源净出口国家。中国、印度由于能源消费快速上升，在油气进口快速增长驱动下能源自给水平下降显著；欧盟积极推进能源转型应对气候变化，加速推进"退煤"，加大了对天然气需求，推动能源自给水平显著下降，能源安全水平处于第三档；日本、韩国能源资源匮乏，在福岛核事故后加大了对化石能源依赖，能源自给水平处于 G20 末端。图 5 - 12 显示 G20 1990、2019 年能源自给率对比。

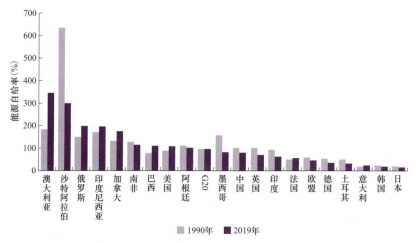

图 5 - 12 G20 1990、2019 年能源自给率对比

5.4 小结

基于对能源转型的规律认识，从能源结构、能源环境、能源效率、能源安全四个维度构建能源转型指数（ETI），评价各国能源清洁低碳、安全高效水平。选取 G20 进行 1990—2019 年三十年能源转型情况评价分析。

（1）G20 占全球经济的 86%，碳排放的 80%，在推进世界能源转型，实现《巴黎协定》目标方面发挥关键作用。2019 年，G20 人口占全球的 63%；GDP 占全球的 86%；一次能源消费为 161.8 亿 tce，占全球的 78%；能源相关碳排放 270.7 亿 t，占全球的 80%。G20 除了土耳其、俄罗斯外均提交了国家自主贡献

(NDC)，其中欧盟、法国、德国、英国、美国、加拿大、中国、韩国、日本、南非共10方以纳入国家法律、提交协定或政策宣示的方式正式提出了碳中和及气候中和的相关承诺。G20已形成了以领导人峰会为战略决策、能源部长会议为主导、能源转型工作组和气候可持续工作组会议为支撑的层级体系。

（2）G20化石能源消费占比长期高达82%以上，近三十年仅下降了0.2个百分点，距离《巴黎协定》2030年化石能源占比67%、2050年33%目标挑战较大。2019年，G20化石能源消费占比为82.7%，较1990年仅下降了0.2个百分点，G20近三十年在能源消费大幅增长驱动下碳排放总量、人均碳排放大幅增长，但得益提高能效、推进能源清洁转型等多重努力，碳排放强度、能源消费强度大幅下降。2019年，G20碳排放强度为0.37kg/美元（汇率，2015年不变价），较1990年下降了30.2%，近10年年均降幅1.5%；G20能源消费排放强度较1990年下降了35.9%，近10年年均降幅1.7%；G20单位能源CO_2较1990年增长了0.2%，近10年年均增速为－0.1%。

（3）G20各方能源结构、能源环境、能源效率、能源安全4个维度差异较大。巴西、加拿大得益于自身资源禀赋，在能源结构、能源安全维度表现突出。英国、欧盟得益于在应对气候方面积极努力，能源环境、能源效率维度表现突出，但能源安全、低碳可负担问题应引起重视。亚洲国家总体化石能源消费占比高，中国在能源结构、能源效率、能源环境维度调整成效显著。美国、俄罗斯、中东等国家（地区）油气资源丰富，能源安全水平高，但能源利用方式粗放，能源效率水平低。

6

专 题 研 究

6.1 德国能源转型进展及对我国的启示

6.1.1 德国能源转型现状

德国能源资源条件相对贫乏，除了硬煤、褐煤的储量较为丰富外，石油和天然气基本依赖进口，总体能源自给率不足 40%。因此，德国较早提出了以可再生能源为发展方向的转型战略，并发布了一系列政策法规推动能源转型，包括通过《可再生能源法》（EEG）构建了一套完整的促进可再生能源健康发展的法规体系、成立了由默克尔指任的 28 人组成的退煤委员会，确定在 2038 年前关闭德国所有煤炭火力发电厂等。

在政策重要驱动下德国成为全球能源电力转型的典范，目前德国风光发电装机占比接近 50%，发电量占比高达 33%。 截至 2020 年底，德国总装机容量为 22 296 万 kW，2020 年德国装机结构如图 6-1 所示。其中风电装机容量为 6068 万 kW，光伏为 4820 万 kW，风光发电装机占比达到 49%；燃煤发电装机容量为 4352 万 kW，占总装机容量的 19%；燃气发电装机容量为 3171 万 kW。

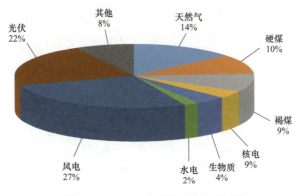

图 6-1　2020 年德国装机结构

2020 年，德国各类电源总发电量为 5674 亿 kW·h，2020 年德国各类电源发电量结构如图 6-2 所示。可再生能源发电量占比 45%。其中，风电发电量为

1345 亿 kW·h，光伏发电量为 510 亿 kW·h，风光合计占比 33%。燃煤机组发电量为 1340 亿 kW·h，占总发电量的 24%。

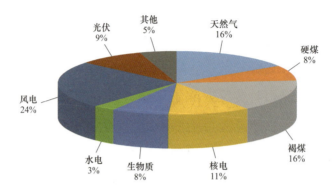

图 6-2　2020 年德国各类电源发电量结构

6.1.2　德国能源转型面临的挑战

德国实现能源低碳转型的同时，也带来一系列问题。根据德国联邦审计院对联邦经济部能源转型工作开展的最新审查报告《能源转型中的电力供应安全和价格承受能力》❶，可再生能源在能源电力结构中的快速崛起也带来一系列挑战。

一方面，考虑退煤、弃核、极端气候、氢能发展等多因素的共同作用，需要重新对德国的电力供应安全进行评估。 经济部综合考虑转型目标和情景假设，计算得出 2020－2030 年供需平衡概率均为 100%。联邦审计院认为假设条件不合理，结论过于乐观。主要体现在：一是未充分考虑计划淘汰的燃煤发电机组。2019 年 1 月，德国发布了退煤路线图，计划将煤电装机容量从约 4000 万 kW 到 2022 年降至约 3000 万 kW，到 2030 年降至约 1700 万 kW，到 2038 年全部退出。2023 年开始退煤或将导致高达 450 万 kW 的供应缺口。二是未充分考虑极端气候条件下新能源"大装机、小电量"出力特性对电力平衡的可能影

---

❶ 德国《能源工业法》明确"环境可持续、供应安全、价格可承受"是能源政策的指导原则，德国联邦审计院作为第三方独立监督机构具有依法对经济部实施能源转型的工作开展审查资格，审查对象为经济部提交的《电力供应安全报告（2019 年）》。

响。三是未考虑氢能计划可能带来的大量新增电力需求。2020 年 6 月 10 日，德国通过了《国家氢能战略》，为未来氢能的生产、运输、使用和再利用以及相应的技术创新和投资激励建立了一个统一连贯的政策框架。

同时，滞后的电网建设将危及电力安全可靠供应，并阻碍气候目标实现。 2020 年 1 月，经济部发布了《电网扩张行动计划》，旨在到 2025 年消除德国电网发展瓶颈。德国《电网扩张行动计划》时间表缺乏有力约束，电网建设进度滞后，未来存在较大不确定性。截至 2020 年底，德国电网建设进度比原计划落后约 5 年，滞后电网建设里程达 4148km。对此，联邦审计院提出三大关切：一是电网建设滞后将如何影响供应安全；二是维持电力供应安全需要电网保持多少投资；三是在电网建设滞后以及煤电退出情况下，仅凭"再调度"❶能否保证供应安全。

另一方面，可再生能源持续发展和能源电力加速转型势必推动电价上升，从而对国民经济带来一系列的影响和冲击。 当前，德国居民和中小企业电价已居欧洲之首，可再生能源持续发展将推动电价进一步飙升。2019 年，德国居民家庭平均电价比欧盟平均水平高出 43%。过去五年，工商业电价比欧盟同期平均水平高出 20%～30%。2019 年，电费支出占工业部门能源支出的三分之二。2010－2019 年德国新能源装机、可再生能源附加费、税金和电网费用如图 6－3 所示。电价快速上涨将降低德国经济竞争力，需对电价承受能力进行评估，研判是否需要干预。低廉的电力价格是提高德国经济竞争力和推动能源转型的重要因素。

分析德国电价上涨的原因， 一是可再生能源持续快速发展导致附加费大幅上涨。2020 年，可再生能源附加费占终端电价的比重已突破 20%，达到 6.76 欧分/（kW•h），是 2010 年的 3 倍。二是系统服务成本持续提升。系统服务成本是指为了保障高比例新能源电力系统的稳定运行和电力可靠供应，网络运营商提供系统服务所需付出的成本。2018 年，再调度与新能源弃电补偿费用达到 19.2 亿欧元，占系统服务成本的 75% 以上，最终由用户承担。三是输配电网的

---

❶ 当新能源大发、系统无法消纳时，在原有调度基础上，按照优先级依次减少常规电源出力、新能源出力的调度模式。

图 6-3　2010—2019 年德国新能源装机、可再生能源附加费和电网费用

扩建成本不断增加。德国输电系统运营商预计，到 2030 年输电网的扩展、加固和优化总投资为 750 亿～850 亿欧元，配电网扩建需求随电动汽车规模扩大还将进一步提升，相关成本最终通过输配电价传导至终端用户。

6.1.3　对我国相关启示

我国早期借鉴其新能源发电的补贴和分摊机制，有力促进了新能源快速发展。截至 2020 年底，德国风光发电装机与发电量占比分别达到 49% 和 33%，我国分别为 24% 和 10%。德国实践表明，低碳转型将带来电力供应安全风险，必然付出经济代价，推动终端电价上涨，其转型经验对我国具有重要借鉴意义。

一是应高度重视电力供应安全问题。德国已建立了对能源转型的常态化监测机制，逐步形成了较为完善的安全评估方法和第三方审查机制，为及时发现能源转型中的安全风险和制定相关举措提供了决策依据。

二是应高度重视电网基础设施建设的重要作用。德国已充分认识到，在退煤、弃核、新能源快速发展等趋势下，电网发展滞后将对电力供应安全产生重大影响。即便是以分布式方式大力发展新能源，也应在加强配电网建设的同时进一步补强主网架，以实现资源大范围优化配置和跨区域协调、互济、备用。

三是应高度重视能源转型中电力成本的有效疏导问题。德国充分认识到能源转型势必推动用电成本提升，目前仅通过电价予以疏导，对本国用户可负担性以及国家经济竞争力带来诸多负面影响。

就我国而言，一是加快研究制定适应能源低碳转型的电力安全量化评估方法，建立常态监测机制。二是加强电网互联互通建设，发挥好电网资源优化配置和电力共享交换平台功能，为电力供应安全夯实基础。三是针对能源转型带来的成本上升问题，能源主管部门应加快建立适合我国国情的能源转型成本疏导机制。

6.2　能源领域碳中和关键技术综合评估分析

在碳中和目标下，不同技术路径选择直接影响能源转型经济性，而这需要依赖不同低碳技术未来关键水平年技术成熟度及经济性综合评估。针对不同发电技术，从技术先进性、发电经济性、应用适应性及环境友好性四个维度构建了低碳发电技术四维度综合评估模型，在关键水平年对不同发电技术综合经济效益进行系统评估。四维度评估模型具有通用性，选取 2030 年、2060 年中国碳达峰、碳中和两个关键水平年分析不同发电技术的综合经济效益。

6.2.1　低碳发电技术四维度综合评估模型

技术类指标主要体现各类新型能源发电技术发展水平和技术总体部署等，主要包括技术成熟度、年度新增装机产能和支撑能源低碳转型建设 3 个指标。技术类评价指标见表 6-1。

表 6-1　　　　　　　　　　　　技 术 类 评 价 指 标

指标名称	说　　明
技术成熟度	主要反映各类新型能源发电的技术发展程度与水平
年度新增装机产能	主要反映各类新型能源技术年度新增装机产能，反映技术在该年度的新增部署
支撑能源低碳转型建设	主要反映各类新型能源技术为支撑能源低碳转型建设的贡献

　　经济类指标主要体现新型能源发电技术发电成本、市场需求形势及未来成本等方面的变化趋势，主要包括成本水平、市场成熟度和成本下降空间 3 个指标。经济类评价指标见表 6-2。

表 6-2　　　　　　　　　　　　经济类评价指标

指标名称	说　　　明
成本水平	主要反映当前各项技术成本水平
市场成熟度	主要反映新型能源发电技术应用普及度和市场需求程度
成本下降空间	主要反映未来各项技术发电成本变化趋势

　　应用类指标主要体现各类新型能源发电技术开发及应用的适应性等，主要包括开发条件、设备利用率和终端能源消费占比 3 个指标。应用类评价指标见表 6-3。

表 6-3　　　　　　　　　　　　应用类评价指标

指标名称	说　　　明
开发条件	主要反映各类新型能源开发受资源约束的情况，以及新型能源发电技术未来可开发的装机容量及其增长形势
设备利用率	主要反映各类新型能源发电技术的设备利用率
终端能源消费占比	反映实际应用中各类新型能源在终端能源的应用程度

　　环境类指标主要体现各类新型能源技术在碳中和愿景下 CO_2 的减排程度及资源开发的生态和环境影响等，主要包括总 CO_2 减排量、单位能源消费 CO_2 排放量及电力建设的生态环境影响 3 个指标。环境类评价指标见表 6-4。

表 6-4　　　　　　　　　　　　环境类评价指标

指标名称	说　　　明
总 CO_2 减排量	主要反映各类新型能源发电技术的总体节能减排潜力
单位能源消费 CO_2 排放量	主要反映各类新型能源技术单位能源消费 CO_2 排放量
电力建设的生态环境影响	反映各类新型能源发电技术建设的土地和空间占用量、噪声、光影和辐射污染等

6.2.2　2030 年不同能源技术的综合评价分析

　　本小节使用中国能源技术经济相关数据，根据各项指标分值，利用雷达图法对不同新型能源技术在 2030 年碳达峰情景下的应用前景进行综合评估，结果如表 6-5

表 6-5　2030 年多种新型能源技术综合经济效益评估结果

技术领域	关键技术	技术先进性			发电经济性			应用适应性			环境友好性			评估结果
		技术成熟度	年度新增产能	支撑能源低碳转型建设	成本水平	市场成熟度	成本下降	开发条件	设备利用率	终端能源消费占比	总CO_2减排量	单位能源消费CO_2排放量	电力建设的生态环境影响	
重点发电技术	陆上风电+储能	1.00	1.00	1.00	0.98	1.00	0.60	1.00	0.80	0.82	0.82	1.00	0.80	0.92
	海上风电技术	0.78	0.80	0.78	0.89	0.80	0.60	0.70	0.80	0.71	0.64	0.90	0.80	0.79
	光伏发电+储能	1.00	1.00	1.00	1.00	1.00	0.80	1.00	0.85	0.80	0.80	1.00	0.85	0.93
	光热发电技术	0.74	0.60	0.74	0.81	0.80	0.80	0.70	0.80	0.70	0.56	0.80	0.90	0.76
	生物质发电技术	0.95	0.85	0.95	0.94	1.00	0.85	0.80	0.85	0.90	0.63	0.70	0.60	0.82
前沿发电技术	氢能技术	0.80	0.30	0.45	0.45	0.80	0.50	0.80	0.80	0.70	0.63	0.90	0.90	0.73
	火电+CCUS	0.82	0.50	0.80	0.85	0.80	0.50	0.60	0.80	0.70	0.77	0.90	0.90	0.81

所示。根据综合评估结果，总体来看，2030 年技术成熟及经济性较好的"光伏发电＋储能"技术和"陆上风电＋储能"技术，处于第一档；具备技术竞争力的生物质发电技术、"火电＋CCUS"技术，位于第二档；处于商业化应用初期的海上风电技术、光热发电技术、氢能技术，位于第三档。

结果差异主要体现在技术先进性、发电经济性、环境友好性三方面。从技术先进性来看，陆上风电＋储能、光伏发电＋储能处于技术成熟阶段，具备绝对竞争力；生物质发电技术、火电＋CCUS 技术相对成熟，但技术竞争力不如陆上风电＋储能及光伏发电＋储能，其他技术处于商业化初期尚不具备技术竞争力。经济性方面，"光伏发电＋储能"技术和"陆上风电＋储能"技术考虑了系统成本，经济性会降低，但随着未来化学储能技术提升和成本下降，其经济性具备绝对竞争力；环境友好性方面，"光伏发电＋储能"技术和"陆上风电＋储能"技术的整体装机量大，在二氧化碳减排总量贡献方面优势明显。2030 年多种新型能源技术综合经济效益评估结果排名如图 6-4 所示。

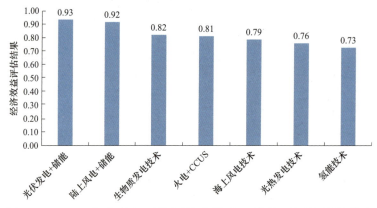

图 6-4　2030 年多种新型能源技术综合经济效益评估结果排名

6.2.3　2060 年不同能源技术的综合评价分析

本小节使用中国能源技术经济相关数据，根据各项指标分值，利用雷达图法对不同新型能源技术在 2060 年碳中和情景下的应用前景进行综合评估，结果如表 6-6 所示。

表 6 - 6　2060 年多种新型能源技术综合经济效益评估结果

技术领域	关键技术	技术先进性			发电经济性			应用适应性				环境友好性		
		技术成熟度	年度新增产能	支撑能源低碳转型建设	成本水平	市场成熟度	成本下降	开发条件	设备利用率	终端能源消费占比	总碳减排量	单位能源消费 CO_2 排放量	电力建设的生态环境影响	评估结果
重点发电技术	陆上风电＋储能	1.00	0.95	1.00	1.00	1.00	0.90	1.00	0.80	0.95	0.90	0.95	0.85	0.95
	海上风电技术	0.90	0.70	0.90	0.92	0.95	0.80	0.85	0.80	0.71	0.67	0.95	0.90	0.85
	光伏发电＋储能	1.00	1.00	1.00	0.98	1.00	1.00	1.00	0.95	1.00	0.90	0.90	0.90	0.96
	光热发电技术	0.80	0.50	0.90	0.99	0.95	0.80	0.80	0.80	0.75	0.68	0.90	0.90	0.86
	生物质发电技术	1.00	0.60	1.00	0.88	1.00	0.85	0.85	0.85	0.73	0.62	0.85	0.85	0.84
前沿发电技术	氢能技术	0.95	0.90	0.90	0.89	0.95	0.90	0.90	0.90	0.93	0.85	1.00	1.00	0.93
	火电＋CCUS	0.90	0.00	0.90	0.95	0.95	0.80	0.50	0.80	0.80	0.76	0.95	0.90	0.81

根据评估结果，2060 年，第一档为"光伏发电＋储能"技术、"陆上风电＋储能"技术、氢能技术；第二档为光热发电技术、海上风电技术、生物质发电技术、"火电＋CCUS"技术。氢能技术，由于技术进步及终端的大量使用，升至第一档，光热技术由于技术竞争力提高，升至第二档，生物质发电技术受技术和原材料成本限制，成本下降空间较小，综合竞争力排名下降，"火电＋CCUS"技术由于 2060 年煤电的占比下降，综合竞争力降低。

与 2030 年相比，氢能技术综合竞争力提升明显，2040 年以后氢能尤其是绿氢迎来大发展，在交通和重工业中发挥关键作用，氢能在终端能源中占比大幅提升。光热发电技术综合竞争力提高，一方面是技术进步，另一方面是技术进步造成的度电成本的下降。此外，与其他波动性新能源发电相比，光热发电通过与储热系统联合运行，能够显著平滑发电出力，减小出力波动，提高系统运行灵活性，其应用适应性增强。随着技术进步，技术经济性降低、应用适应性增强、环境友好性突出，海上风电技术也成为 2060 年具有非常好应用前景的能源技术。2060 年"火电＋CCUS"综合竞争力的降低，一方面，随着碳中和的实现，必然伴随着煤电占比的降低，其应用适应性不如其他技术；另一方面，虽然"火电＋CCUS"能够发挥碳捕捉效果，但从经济性上不如其他技术，从而导致其综合竞争力降低。

2060 年多种新型能源技术综合经济效益评估结果排名如图 6-5 所示。

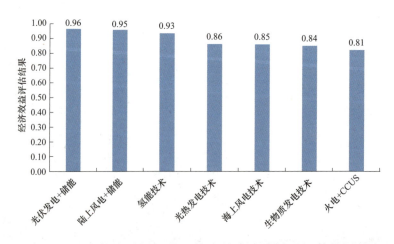

图 6-5　2060 年多种新型能源技术综合经济效益评估结果排名

附录 1　缩略语及名词解释

EU：欧洲联盟。由欧洲共同体（又称欧洲共同市场，简称欧共体）发展而来的，是一个集政治实体和经济实体于一身、在世界上具有重要影响的区域一体化组织。现有成员国 27 个：法国、德国、意大利、荷兰、比利时、卢森堡、丹麦、爱尔兰、希腊、西班牙、葡萄牙、奥地利、芬兰、瑞典、塞浦路斯、捷克、爱沙尼亚、匈牙利、拉脱维亚、立陶宛、马耳他、波兰、斯洛伐克、斯洛文尼亚、保加利亚、罗马尼亚、克罗地亚。

OECD：经济合作与发展组织。成立于 1961 年，总部设在巴黎，由市场经济国家组成的政府间世界经济组织，旨在共同应对世界化带来的经济、社会和政府治理等方面的挑战，并把握世界化带来的机遇。目前成员国总数 38 个，包括澳大利亚、奥地利、比利时、加拿大、捷克、丹麦、芬兰、法国、德国、希腊、匈牙利、冰岛、爱尔兰、意大利、日本、韩国、卢森堡、墨西哥、荷兰、新西兰、挪威、波兰、葡萄牙、斯洛伐克、西班牙、瑞典、瑞士、土耳其、英国、美国、智利、爱沙尼亚、以色列、斯洛文尼亚、拉脱维亚、立陶宛、哥伦比亚、哥斯达黎加。

IEA：国际能源署。总部设于法国巴黎的政府间组织，由经济合作发展组织为应对能源危机于 1974 年 11 月设立。世界能源署致力于预防石油供给的异动，同时亦提供世界石油市场及其他能源领域的统计情报。现有成员国 30 个：澳大利亚、奥地利、比利时、加拿大、捷克、丹麦、爱沙尼亚、芬兰、法国、德国、希腊、匈牙利、爱尔兰、意大利、日本、韩国、卢森堡、墨西哥、荷兰、新西兰、挪威、波兰、葡萄牙、斯洛伐克、西班牙、瑞典、瑞士、土耳其、英国、美国。

OPEC：石油输出国组织。成立于 1960 年 9 月 14 日，1962 年 11 月 6 日欧

佩克在联合国秘书处备案，成为正式的世界组织。其宗旨是协调和统一成员国的石油政策，维护各自的和共同的利益。现有成员国 13 个：阿尔及利亚、安哥拉、刚果、赤道几内亚、加蓬、伊朗、伊拉克、科威特、利比亚、尼日利亚、沙特阿拉伯、阿拉伯联合酋长国、委内瑞拉。卡塔尔于 2019 年 1 月退出 OPEC，厄瓜多尔 2020 年 1 月退出 OPEC。

IMF：国际货币基金组织。根据 1944 年 7 月在布雷顿森林会议签订的《世界货币基金协定》，于 1945 年 12 月 27 日在华盛顿成立，总部设在华盛顿。IMF 与世界银行并列为世界两大金融机构，其职责是监察货币汇率和各国贸易情况，提供技术和资金协助，确保世界金融制度运作正常。

WB：世界银行。世界银行是世界银行集团的俗称，是联合国系统下的多边发展机构，包括世界复兴开发银行（IBRD）和世界开发协会（IDA）等五个机构。WB 不是一个常规意义上的银行，而是一个以减少贫困和支持发展为使命的独特的合作伙伴机构，成立于 1944 年，总部设在美国华盛顿特区。

WEC：世界能源理事会。成立于 1924 年，原名世界动力会议，1968 年改名为世界能源会议，1990 年更名为世界能源理事会。总部设在英国伦敦。

EIA：美国能源信息管理局。成立于 1977 年，隶属美国能源部，总部设在华盛顿特区，是美国国会设立的能源统计机构。

IEEJ：日本能源经济研究所。成立于 1966 年 6 月，旨在从世界经济整体角度针对能源领域开展研究活动，通过客观分析能源问题，为政策制定从基础数据、信息和报告等方面提供依据。1984 年 10 月，能源数据和模型中心（ED-MC）作为 IEEJ 的附属机构成立，承担了能源数据库的开发、各种能源模型的建立和能源经济性分析。1999 年 6 月，EDMC 并入 IEEJ 作为其下属的一个部门。

附录 2　主要国家能源与电力数据

附表 2-1　世界主要国家人口　　　　　　　　　　　　万人

排序	国家	2010 年	2015 年	2016 年	2017 年	2018 年	2019 年	2020 年
1	中国	134 091	137 462	138 271	138 398	139 538	140 017	140 433
2	印度	119 052	129 234	130 935	133 918	133 422	135 177	137 860
3	美国	30 973	32 108	32 330	32 552	32 735	32 927	33 009
4	巴西	19 495	20 447	20 610	20 929	20 849	20 996	33 009
5	俄罗斯	14 290	14 346	14 344	14 423	14 680	14 673	14 681
6	日本	12 805	12 698	12 690	12 664	12 649	12 619	12 576
7	德国	8175	8169	8273	8240	8290	8297	8316
8	英国	6226	6511	6557	6597	6643	6687	6709
9	法国	6277	6434	6461	6714	6472	6482	6512
10	意大利	5919	6080	6067	6060	6048	6036	6025

资料来源：IMF，World Economic outlook Database. July 2021。

附表 2-2　世界一次能源消费前十国　　　　　　　　　亿 tce

排序	国家	2015 年	2018 年	2019 年	2020 年
1	中国	42.77	46.32	48.34	49.63
2	美国	31.44	32.61	32.29	29.96
3	印度	9.81	11.36	11.62	10.91
4	俄罗斯	9.60	10.25	10.17	9.66
5	日本	6.47	6.43	6.37	5.81
6	加拿大	4.77	4.90	4.85	4.65
7	德国	4.57	4.58	4.48	4.13
8	巴西	4.17	4.14	4.23	4.10
9	韩国	4.05	4.28	4.22	4.02
10	伊朗	3.49	4.04	4.21	4.10

资料来源：BP，Statistical Review of World Energy 2021。

附表 2 - 3 世界能源生产国前十名（2020 年）

煤 炭		石 油		天 然 气	
国 家	亿 t	国 家	亿 t	国 家	亿 m³
中国	**39. 02**	美国	7. 13	美国	9146
印度	7. 56	俄罗斯	5. 24	俄罗斯	6385
印度尼西亚	5. 63	沙特阿拉伯	5. 20	伊朗	2508
美国	4. 85	加拿大	2. 52	**中国**	**1940**
澳大利亚	4. 77	伊拉克	2. 02	卡塔尔	1713
俄罗斯	4. 00	**中国**	**1. 95**	加拿大	1652
南非	2. 48	阿联酋	1. 66	澳大利亚	1425
哈萨克斯坦	1. 13	巴西	1. 59	沙特阿拉伯	1121
德国	1. 07	伊朗	1. 43	挪威	1115
波兰	1. 01	科威特	1. 30	阿尔及利亚	815

资料来源：BP，Statistical Review of World Energy 2021。

附表 2 - 4 世界主要国家单位产值能耗 toe/千美元（2015 年不变价）

排 序	国 家	单 位 产 值 能 耗	
		2018 年	**2019 年**
1	俄罗斯	0. 628	0. 667
2	印度	0. 541	0. 535
3	**中国**	**0. 358**	**0. 345**
4	加拿大	0. 235	0. 232
5	韩国	0. 185	0. 181
6	巴西	0. 176	0. 171
7	美国	0. 161	0. 162
8	法国	0. 113	0. 111
9	日本	0. 094	0. 09
10	德国	0. 085	0. 082

资料来源：IEA，World Energy Balances。

附表 2 - 5　　　　　　世界主要国家装机容量　　　　　　万 kW

排　序	国　家	装　机　容　量	
		2019 年	2020 年
1	中国	201 006	220 204
2	美国	123 229	126 264
3	印度	44 613	46 110
4	日本	34 562	35 622
5	俄罗斯	27 196	27 153
6	德国	21 828	22 461
7	巴西	17 238	17 957
8	加拿大	15 056	15 168
9	法国	13 671	13 756
10	韩国	13 025	13 471

资料来源：中国数据来源于中国电力企业联合会；其他国家源于 Global Data。

附表 2 - 6　　　　　　世界主要国家电力消费量　　　　　　亿 kW·h

排　序	国　家	电　力　消　费　量	
		2019 年	2020 年
1	中国	72 255	75 214
2	美国	38 112	36 637
3	印度	10 292	10 181
4	日本	9379	8864
5	俄罗斯	7703	7533
6	加拿大	4982	4703
7	韩国	5205	5140
8	德国	5036	4819
9	巴西	4822	4756
10	法国	4332	4120

资料来源：中国数据来源于中国电力企业联合会；其他国家源于 Global Data。

附表 2-7　世界主要国家人均装机容量及人均用电量（2019 年）

排序	国家	人均装机容量 （kW）	排序	国家	人均用电量 （kW·h）
1	加拿大	3.98	1	加拿大	15 018
2	美国	3.43	2	美国	12 744
3	德国	2.79	3	日本	7935
4	日本	2.73	4	法国	7043
5	韩国	2.55	5	德国	6606
6	法国	2.02	6	俄罗斯	6771
7	意大利	1.93	7	意大利	5207
8	**中国**	1.44	8	**中国**	5125
			9	巴西	2585
			10	印度	988

资料来源：IEA 统计数据。

参 考 文 献

［1］IEA. Energy Balances of World 2021［R］. Paris，2021.

［2］IEA. Energy Statistics of World 2021［R］. Paris，2021.

［3］IEA. Electricity Information 2020［R］. Paris，2021.

［4］IEA. Energy Prices and Taxes 2020［R］. Paris，2021.

［5］IEA. CO_2 Emissions from fuel combustion 2020［R］. Paris，2021.

［6］IEA. Key World Energy Statistics 2020［R］. Paris，2021.

［7］IEA. World Energy Outlook 2019［R］. Paris，2020.

［8］EIA. International Energy outlook 2019［R］. USA，2020.

［9］IEA. Monthly oil，Gas and Electricity Survey Archives［R］. Paris，2021.

［10］BP. BP Statistical Review of World Energy 2020［R］. London，June，2021.

［11］EIA. Annual Energy Review 2021［R］. USA.

［12］ENTSO - E. STATISTICAL FACTSHEET 2019［R］. Brussels，Belgium，June，2020.

［13］SAPP. Annual Report 2019［R］. Southern African，2020.

［14］GLOBAL TRENDS IN RENEWABLE ENERGY INVESTMENT 2020［R］. UNEP&BNEF，2021.

［15］刘振亚. 中国电力与能源［M］. 北京：中国电力出版社，2012.

［16］中国电力企业联合会. 中国电力行业年度发展报告 2021［R］. 北京：中国建材工业出版社，2020.

［17］国家统计局，国家能源局. 中国能源统计年鉴 2019［R］. 北京：中国统计出版社，2019.

［18］中国石油集团经济技术研究院. 2020 年国内外油气行业发展报告［R］. 北京：石油工业出版社，2020.

［19］国家统计局. 2021 中国统计年鉴［R］. 北京：中国统计出版社，2020.